RÉPONSE

AU MÉMOIRE

DE

M. LE GÉNÉRAL DONNADIEU.

CET OUVRAGE SE TROUVE,

A PARIS,

Chez BAUDOUIN frères, rue de Vaugirard, N°. 36;
MONGIE, boulevard Poissonnière, N°. 18;
BOSSANGE frères, rue Saint-André-des-Arts;

ET A LONDRES,

Chez Martin BOSSANGE et compagnie, 14. Great Marlborough street.

CHEZ LES MÊMES :

Du Gouvernement de la France depuis la restauration, et du Ministère actuel, par F. Guizot.
Prix : 5 fr., et 6 fr. par la poste.

IMPRIMERIE DE FAIN, PLACE DE L'ODÉON.

RÉPONSE

AU MÉMOIRE

DE M. BERRYER,

POUR

M. LE GÉNÉRAL DONNADIEU,

PAR

M. LE COMTE DE S#TE#.-AULAIRE,

SUIVIE

DE PIÈCES JUSTIFICATIVES.

SECONDE ÉDITION.

PARIS,

A LA LIBRAIRIE FRANÇAISE DE LADVOCAT,

ÉDITEUR DES FASTES DE LA GLOIRE,

PALAIS-ROYAL, GALERIE DE BOIS, N#os#. 197 ET 198.

M. DCCC. XX.

AVERTISSEMENT.

Une justification de M. le général Donnadieu, dans une affaire qui lui est personnelle, est devenue sous la plume de son avocat un libelle diffamatoire contre le duc Decazes. Fort indifférent au succès que peut avoir en elle-même l'apologie de M. le général Donnadieu, je ne le suis point également aux assertions calomnieuses qui s'y trouvent mêlées. Il est possible que cet écrit, quoique borné à la défense de M. Decazes, fasse ressortir des vérités accusatrices pour ses adversaires; c'est un avantage que je prévois sans le chercher, ce sera la faute des faits et des pièces que j'ai cités. On remarquera cependant que ces pièces ne sont pas puisées dans la correspondance administrative des ministres de la police et de l'intérieur. Cette réserve m'enlève les moyens de révéler au public de grandes vérités. Malgré les exemples que lui donne une aveugle haine, le duc Decazes s'est long-temps prescrit un silence généreux, il a supporté des attaques injustes qu'un mot aurait pu faire disparaître; un dévouement sans bornes a pu lui inspirer cette noble patience que ne comprennent pas ceux qui en abusent, mais qu'ils devraient respecter s'ils ne veulent y mettre un terme. J'honore ces sentimens, j'en respecte le principe et la cause, mais je n'ai ni les mêmes devoirs ni la même impassibilité; je soulève donc aujourd'hui le voile qu'un autre, je n'hésite pas à le lui prédire, sera bientôt forcé de déchirer tout entier.

Je n'ai pas prétendu répondre à tous les reproches, relever toutes les calomnies accessoires, toutes les injures épisodiques dont le mémoire de M. Berryer est rempli. Le récit erroné d'un fait exigerait souvent une longue réponse. Beaucoup de vérités qui parleraient en faveur de M. Decazes sont aujourd'hui superflues pour sa défense, parce que l'opinion publique ne tient pas compte de tout, et qu'elle néglige les actes et les intentions qui, en définitif, n'ont pas eu d'influence complète.

Quelques accusations échappent à la discussion, ou par leur invraisemblance, ou par leur puérilité; la défense ne pourrait éviter de partager le ridicule de l'attaque. Le public serait sans doute peu attentif si l'on entreprenait de lui démontrer que M. Decazes n'a pas concouru à faire refuser à M. le général Donnadieu une audience royale dont il avait sollicité la faveur en 1818.

Quant à ces injures rebattues auxquelles

l'esprit de parti donne une sorte de consistance à force de les répéter sans les croire, et qui, traînées de libelles en libelles, n'en restent pas moins ce qu'elles étaient dans l'origine, j'imiterai le juste mépris qui n'a jamais permis à M. Decazes d'y répondre.

REPONSE

AU MÉMOIRE

DE

M. LE GÉNÉRAL DONNADIEU.

————

Une plainte a été portée contre M. le général Donnadieu, au nom des familles des malheureux, condamnés en 1816 par le conseil de guerre de la septième division. Dans l'état actuel de notre législation, cette plainte ne pouvait être accueillie par les tribunaux qu'après une autorisation du conseil d'état. Cette autorisation a été refusée ; et si les plaignans ont ainsi été privés de la vengeance qu'ils espéraient de la loi, M. le général Donnadieu est demeuré sans défense contre la vengeance de l'opinion.

Le général s'est plaint des entraves qu'éprouvaient ses adversaires ; il a récusé une protection qu'il regardait comme injurieuse ; il a sollicité des juges, et s'indigne de ne pouvoir en obtenir.

A la vérité, un article de la constitution de l'an 8 défend aux tribunaux de connaître des plaintes portées contre les fonctionnaires publics. Les amis de la liberté ont réclamé contre cet article, qui a trop souvent assuré des impunités scandaleuses. On peut cependant soutenir que cette disposition ou quelque chose d'analogue est nécessaire au maintien de l'autorité ; mais se faire une arme contre les fonctionnaires eux-mêmes d'une loi qui a pour objet de les protéger, livrer leur honneur par ménagement pour leur personne, les priver du moyen de repousser une attaque dont ils espèrent triompher, c'est évidemment pervertir l'esprit de la loi, c'est être également injuste et pour celui qui veut attaquer et pour celui qu'on empêche de se défendre. Une telle politique blesse également les deux parties ; et, en définitive, elle doit amener plus de scandale qu'elle n'était destinée à en prévenir.

En effet, nous voyons aujourd'hui M. le général Donnadieu, auquel on a interdit le rôle d'accusé, s'emparer de celui d'accusateur ; il attaque ses adversaires en calomnie, et l'affaire, quant au fond, se trouve ainsi portée devant le tribunal de l'opinion. L'opinion accueille volontiers ceux qui l'invoquent. Le général Donnadieu allant au-devant de ses adversaires, se présente avec bonne grâce ; chacun approuve et son impatience du silence et le moyen qu'il a trouvé pour le rompre. Mais comment une querelle entre les habitans de l'Isère et le général Donnadieu est-elle devenue une querelle entre celui-ci et le duc Decazes ? Pourquoi M. Berryer, au lieu de répondre aux adversaires qui pressent son client, vient-il en provoquer un nouveau qui n'était ni en disposition de l'attaquer ni en mesure de se défendre ?

Mᵉ. Berryer, dans le mémoire qu'il vient de publier contre les sieurs Rey, Cazenave et Regnier, ne s'occupe en aucune façon de ses adversaires ; il ne parle même qu'incidemment de l'affaire de Grenoble ; mais il raconte l'ingratitude qui a payé les services de M. le général Donnadieu, les persécutions qu'il a éprouvées ; c'est contre cette ingratitude, ces persécutions, toutes attribuées au duc Decazes, que M. Berryer cherche à soulever l'indignation générale. Cependant, si aucun autre intérêt n'eût été mêlé dans cette cause, il pouvait arriver que le public demeurât assez indifférent. Depuis quelques années, nous avons vu tant d'exemples de grands services méconnus, de grandes fortunes renversées ; tant de personnages illustrés par des actions généreuses languissent aujourd'hui dans l'oubli, dans la misère! La sensibilité du public, un peu blasée par de tels spectacles, est désormais difficile à émouvoir. Parmi les hommes qui sont le moins disposés à contester les éloges que M. Berryer donne à son client, plusieurs diront peut-être : M. le vicomte Donnadieu a des titres, des décorations ; jeune encore, ses services ont été récompensés par les grades les plus élevés de l'armée : il convient lui-même qu'il jouit de l'estime de tous ceux à l'opinion desquels il attache quelque prix. Que manque-t-il à une si belle carrière?

Aussi M. Berryer ne borne-t-il pas là ses moyens d'attaque : quoique défenseur de M. le général Donnadieu, s'apercevant qu'il existe un intérêt en faveur des victimes, et que la voix de l'humanité est puissante et populaire, il a imaginé de plaider à la fois la cause de M. Donnadieu et celle de ses accusateurs. Il s'est proposé à lui-même le problème suivant : 1°. prouver que M. le général Donnadieu a rendu un service immense en réprimant une rébellion terrible; 2°. prouver que ceux qui ont été condamnés par suite de cette rébellion sont les victimes de la barbarie ministérielle. En un mot, faire du sang versé la gloire de M. le général Donnadieu, et le crime de M. Decazes.

Sans s'embarrasser de cette étrange contradiction, l'avocat de M. le général Donnadieu n'a vu que l'espérance de soulever contre M. le duc Decazes de nouvelles inimitiés, et de l'accabler à la fois dans l'opinion des partis les plus opposés. Dans cet intérêt, il a paru oublier assez souvent la cause du *vainqueur* des insurgés de Grenoble, pour gémir sur le sort des vaincus : il a senti même (et ce n'est pas ce sentiment qu'on lui reproche) que ce dernier sujet était beaucoup plus favorable que le premier. Il s'y est arrêté long-temps, avec la complaisance de la haine plutôt que de la pitié. N'importe : il n'en est pas moins remarquable de voir les rigueurs de Grenoble déplorées par l'avocat de M. le général Donnadieu ! Mais, si les rigueurs de la répression paraissent excessives, il faut donc supposer que la rébellion a été moins dangereuse, les révoltés moins nombreux qu'on ne l'avait cru.

N'est-il pas étrange alors que le mémoire, d'où l'on peut tirer cette induction, ait pour objet de montrer que M. le général Donnadieu avait sauvé la monarchie d'un immense péril? Quelle que soit l'habileté de M. Berryer, espère-t-il défendre avec un égal succès deux causes si opposées? Peut-il faire entendre également la voix du général qui se plaint qu'on n'a pas assez récompensé son zèle, qu'on n'a point payé d'assez grands honneurs le sang rebelle qu'il a versé, et les réclamatious des parens des condamnés ? Quelle que soit la singularité de ce système, je m'y conformerai dans la réfutation.

Je répondrai aux accusations que M. Berryer porte contre le duc Decazes au nom de M. le général Donnadieu ; je répondrai à celles qu'il porte au nom des victimes de Grenoble ; je prouverai que le général Donnadieu n'a point été persécuté ; je prouverai que ce n'est point sur le duc Decazes que doit peser l'odieux des rigueurs de Grenoble ; je répondrai aussi aux accusations que M. Berryer dirige contre moi-même, puisque ces accusations ont été répétées dans les libelles signés ou non signés qui, depuis plusieurs mois, se sont multipliés contre M. Decazes : je craindrais qu'un silence obstiné ne parût être l'effet de mon indifférence pour l'accusation, et non pas de mon mépris pour les accusateurs.

M. Decazes a-t-il persécuté le général Donnadieu ? Un tel examen serait de peu d'intérêt sans doute, si M. le vicomte Donnadieu, usant d'un droit qui appartient non-seulement à un membre de la chambre, mais encore à tout citoyen, avait, comme M. Clausel de Coussergues., dressé un projet d'acte d'accusation contre l'ancien ministre ; mais l'attaque faite aujourd'hui par M. Berryer est d'un tout autre caractère : c'est à l'occasion de sa conduite à l'égard du général Donnadieu qu'il accuse M. Decazes ; il se plaint *de ses discours, de ses écrits, de ses persécutions ; il va soulever le voile qui couvre les iniquités dont son client a été la victime.* En cet état de la cause, la première question qui se présente est naturellement celle-ci : De quoi vous plaignez-vous ? En quoi avez-vous été personnellement offensé ? Pour que nous partagions votre ressentiment, faites-nous connaître ce qui l'excite. M. Berryer croit sans doute avoir répondu à ces questions : le public en jugera. Il pourra comparer les persécutions avec la haine qu'elles ont produite, il pourra juger si les causes sont en rapport avec leurs effets.

Le premier grief de M. le général Donnadieu est un discours prononcé à la chambre des députés par M. Decazes, alors ministre de la police générale. On demandait des explications sur la révolte de Grenoble. Ces explications furent données par le ministre, avec simplicité, dans l'intérêt de la vérité comme dans celui de la tranquillité publique; les faits furent réduits à leur exacte valeur, et

dépouillés des exagérations qui les avaient dé-
figurés; pas une parole offensante ne fut pro-
noncée contre le général Donnadieu. Cependant ce général, craignant que l'importance de
ses services ne parût diminuée, adressa un mémoire au roi pour réfuter les allégations du
ministre, et il fit imprimer ce mémoire.

Ainsi, continue M. Berryer, *la lutte était
engagée entre M. Decazes et M. le* vicomte *Donnadieu.* Je le demande à tout homme impartial, à tout homme ayant le sentiment de la
subordination nécessaire au maintien d'un
gouvernement, est-ce le ministre de la police
générale ou le gouverneur de la septième division qui a manqué aux convenances , aux
devoirs de sa position ?

Le ministre portant à la tribune nationale
des paroles qui devaient retentir dans toute la
France, dit *que les maux n'ont pas été si
grands qu'on l'a prétendu ;* il réduit *à trois
cents le nombre des auteurs du mouvement sé-
ditieux de Grenoble ;* et ces paroles si conformes aux intérêts du pays , si bien pla-
cées dans la bouche du ministre de la police
générale, à une époque où les troupes étrangères
demeuraient encore en France , en méfiance de
notre tranquillité intérieure, ces paroles pa-

raissent au général Donnadieu un outrage fait à sa gloire.

Il serait facile, sans doute, de prouver qu'elles étaient conformes à la plus exacte vérité (pièces justificatives n°. 1); mais ce n'est pas ce que nous examinons ici. Alors même que les événemens de Grenoble eussent eu un caractère bien plus alarmant, n'est-il pas évident que le danger passé, il fallait en effacer les souvenirs ? Le ministre de la police devait-il donc signaler le département de l'Isère comme recélant une armée ennemie? Fallait-il, pour la gloire du général Donnadieu, entretenir les terreurs de la France, les alarmes de l'Europe, et perdre ainsi le fruit d'une tranquillité heureusement rétablie ?

Si c'est ainsi que *la lutte a été engagée entre M. Decazes et M. le général Donnadieu*, j'en appelle de nouveau au témoignage de tout homme impartial, peut-on reprocher à M. Decazes d'avoir pris l'initiative de l'attaque?

Telle est cependant l'unique plainte que M. Berryer forme contre le duc Decazes à l'occasion de l'affaire de Grenoble. Pour trouver la suite des persécutions dirigées contre son client, il change de temps et de lieu, et il introduit sur la scène un certain Bonnafoux qui, dit-il, a déclaré chez M. le comte Anglès « que

» M. Choppin-d'Arnouville, préfet de l'Isère,
» l'avait mandé chez lui ; que là il avait signé
» une pièce qu'il n'avait pas lue (1), et qu'il
» était ensuite monté dans une voiture qu'il
» n'avait pas payée. » Ces circonstances sont
graves sans doute, mais elles ne sont pas
claires, et cette affaire aurait été difficilement
comprise si M. Choppin-d'Arnouville n'avait
pris le soin de nous l'expliquer dans l'écrit qu'il
vient de publier ; nous l'en remercions sincè-
rement ; je ne sais si M. le vicomte Donnadieu
partagera notre reconnaissance.

M. Berryer paraît attacher plus d'importance
encore aux révélations du sieur Châtelain, dont
il nous communique la correspondance avec
un sieur Vincent, agent de police. Ici les détails
ne nous manquent pas. Ils établissent d'une
manière irrécusable, dit M. Berryer, que le
sieur Vincent a cherché à séduire le sieur Châtelain pour en obtenir des dépositions contraires à l'honneur des généraux Canuel et
Donnadieu, dépositions qu'il transmettait ensuite au ministre de la police.

Je n'entrerai pas dans la discussion de cette

---

(1) M. Choppin-d'Arnouville a dans les mains les
dépositions du sieur Bonnafoux, écrites en entier par le
sieur Bonnafoux lui-même.

honteuse correspondance qui remplit 20 pages du mémoire de M. Berryer, sans qu'elle paraisse justifier, par son importance, la manière solennelle dont elle est annoncée. Je réduirai la discussion de cette affaire à une observation générale dont la justesse ne sera pas contestée.

Un ministre de la police chargé de veiller à la sûreté du royaume ne peut s'acquitter de ce devoir qu'en employant des agens que la nature des choses oblige à prendre souvent dans une classe peu honorable. Il y a certainement toujours beaucoup de raisons pour craindre qu'un agent qui se charge d'un tel service ne soit peu estimable ; et, parmi les rapports qu'il adresse à celui qui l'emploie, il est probable qu'un grand nombre de mensonges seront mêlés à quelques vérités. Tout administrateur qui aura eu affaire à de telles gens aura sûrement fait cette observation, et il est à souhaiter qu'elle n'ait point échappé au général Donnadieu lui-même. S'il était possible qu'il eût ajouté toujours une confiance entière aux agens de police qu'il a employés, il ne faudrait pas s'étonner que les conspirations qu'il a plusieurs fois signalées, n'aient pas paru à d'autres aussi bien démontrées qu'à lui-même. Il suit de cette observation qu'une critique fort sévère est nécessaire, quand on reçoit de pareils rapports ;

le ministre à qui ils s'adressent est responsable de l'usage qu'il en fait ; mais il ne peut l'être ni de ce que les rapports contiennent, ni de la conduite de ceux qui les lui font, ni des déclarations qu'on obtiendrait ensuite de ces hommes contre le ministre lui-même. Accuser un ministre de la police parce qu'un espion se trouverait être un misérable, ou parce que ce misérable voudrait ensuite, par un motif quelconque, compromettre ce ministre, ce serait assurément une odieuse et absurde injustice.

J'ignore jusqu'à quel point ces observations sont applicables au sieur Vincent. Je vois qu'il a livré à M. Berryer les lettres qu'il avait reçues du sieur Châtelain ; et s'il lui a rendu gratuitement ce service, ce ne serait pas encore pour moi une preuve suffisante de sa délicatesse. Au reste, je ne connais pas cet homme. Il a fait de fréquentes tentatives pour arriver jusqu'à moi ; et, si j'avais consenti à le recevoir, il est probable qu'il m'aurait dit tout autant de mal du général Donnadieu, que j'aurais voulu le souffrir. Laissons donc là ces dégoûtantes absurdités. A qui persuadera-t-on que le duc Decazes, qui n'a jamais vu le sieur Châtelain, ni sans doute le sieur Vincent, ait monté toute cette intrigue pour obtenir des dépositions mensongères contre le général Donnadieu ? Quel si grand intérêt avait-il pour une telle infamie ? Il voulait, dites-vous, perdre ce général. Qu'est-ce à dire le perdre? lui ôter son emploi, car c'est à ce point qu'aboutissent en définitif toutes ces machinations si compliquées. Mais étaient-elles donc nécessaires pour obtenir un tel résultat ? En 1818, le général Donnadieu a cessé de commander la septième division militaire, et postérieurement encore, il a été employé dans son grade. Voilà le sujet de tant de plaintes, le but supposé de tant d'intrigues criminelles! Mais lorsque depuis quatre années les changemens se succédaient si rapidement dans toutes les parties de l'administration , le général Donnadieu se flattait-il donc d'être seul inamovible. Je le dirai franchement : si quelque chose me paraît étrange dans cette destitution, c'est qu'elle soit arrivée si tard ; et je m'en étonne indépendamment de toutes les considérations prises dans les événemens du 4 mai.

Depuis 1815 jusqu'en 1818, les fonctionnaires qui ont été employés dans le département de l'Isère, et ceux qui partageaient les opinions politiques du général Donnadieu, et ceux qui en professaient de contraires (*Pièces justificatives, n°. 2.*), ont été souvent d'accord sur l'impossibilité d'administrer de concert avec lui : pense-t-on qu'avec les ministres eux-mêmes, il ait toujours entretenu des rapports faciles ? M. Berryer prend soin de nous informer, dans deux endroits de son mémoire, que, tout récemment encore, son client a eu avec le président du conseil des ministres une explication tellement vive, que des gendarmes et des guichetiers ont dû intervenir pour juger en dernier ressort l'objet de la contestation. Quoi que M. Berryer puisse nous dire ensuite de la modération de son client, de ses dispositions constamment conciliantes, on persistera à croire que, toute politique mise à part, les ministres auraient pu encore avoir de bonnes raisons pour opérer ce déplacement. Mais enfin, puisque moi aussi, comme M. Berryer, j'ai un ami à justifier, pourquoi ne me servirais-je pas de toutes mes armes ? M. Berryer cite la correspondance du général pour accuser les ministres d'avoir privé le roi d'un serviteur accompli, qui joignait à l'impétuosité d'un militaire la modération d'un administrateur, le respect pour les lois d'un magistrat ; pourquoi ne citerais-je pas aussi cette correspondance pour prouver que ces qualités n'étaient pas sans quelque mélange ; que l'impétuosité du général ne l'emportait pas seulement sur le champ de bataille ?

Si quelquefois le général Donnadieu s'est

laissé aller à des boutades de pitié dont personne ne peut se défendre, s'il est vrai qu'il puisse extraire de sa correspondance avec les ministres quelques phrases générales sur la clémence, on est forcé de reconnaître qu'il revenait bientôt à des dispositions contraires. Je ne conteste pas l'authenticité de ces lettres citées par M. Berryer, mais je dis que le général Donnadieu en a écrit d'autres dans un esprit tout opposé et à des époques fort rapprochées des premières. Ces lettres, je les livre au public, il y lira, non sans quelque effroi peut-être, l'exposé théorique, la proclamation franche et complète du système plus ou moins avoué, mais jamais abandonné, par le parti dont M. le général Donnadieu a été l'organe et l'agent. C'est un plan naïf de contre-révolution violente très-naturellement placé à côté des exécutions de Grenoble.

Voici les moyens de gouvernement proposés par le général Donnadieu au ministre de la guerre, dans sa lettre du 28 mai (pièce justificative, n° 3). « *Purger l'état de trois ou* » *quatre mille factieux, et les envoyer dans* » *des colonies lointaines. Quelques hommes de* » *mauvaise foi crieront à l'injustice, quelques* » *hommes timides seront étonnés ; mais cela* » *ne doit pas arrêter les hommes capables* » *d'opposer un grand courage et une grande*

» *détermination aux catastrophes qui mena-*
» *cent l'état. Il faut désarmer les populations,*
» *les comprimer par la force militaire, con-*
» *fier la conservation du trône et de l'état à*
» *l'armée seule. Se garder surtout de la pré-*
» *vention contre l'abus du pouvoir militaire,*
» *et donner exclusivement la haute police aux*
» *commandans de province.* »

M. le général Donnadieu termine cette lettre par ce dilemme « *d'où il ne croit pas que l'on* » *puisse sortir : Ou sauver la France inconsti-* » *tutionnellement ou la perdre constitution-* » *nellement.* »

Dans une lettre postérieure de peu de jours, nous trouvons un supplément à ces moyens de gouvernement. « *Il est malheureux,* dit le gé- » néral au même ministre, *que des lois trop* » *douces pour d'aussi grands coupables ne* » *permettent pas d'employer les seuls moyens* » *avec lesquels on obtiendrait des aveux si* » *utiles à l'intérêt de l'état.* »

Certes si M. Berryer était chargé de faire valoir de telles pièces, il en tirerait un tout autre parti que des matériaux qu'il avait à mettre en œuvre dans son mémoire contre M. Decazes. Mais je ne veux pas lutter avec lui d'habileté ni d'éloquence ; je dirai même franchement que de telles phrases m'étonnent peu. J'en ai en-

tendu bien d'autres dans la chambre de 1815.
Ces doctrines, je le répète, sont celles du
parti politique auquel M. le généralDonnadieu
appartient ; et si ce parti devait s'emparer du
pouvoir, il est tel législateur bien calme entre
les mains duquel je craindrais plus de tomber
qu'entre celles d'un militaire violent. Mais il
ne faut pas cependant, lorsqu'on vit sous un gouvernement encore constitutionnel, lorsqu'on
y a professé de telles doctrines, lorsque pendant trois années on a persévéré dans une opposition hostile contre les ministres du roi ; il
ne faut pas, dis-je, s'étonner d'une destitution
qui s'est fait si long-temps attendre. Il ne faut
pas la présenter comme une mesure de rigueur
à laquelle toutes les âmes sensibles doivent
compatir, et moins encore comme le résultat
d'une persécution constante et de machinations perfides.

---

*Les rigueurs excessives qui ont eu lieu à Gre-
noble en 1816 peuvent-elles être imputées à
M. Decazes ?*

Peut-être ne serait-il pas contraire aux intérêts politiques de M. Decazes qu'on fût généralement persuadé qu'il a vivement attaqué le
général Donnadieu, et qu'il a mérité sa haine.

Aussi les détails dans lesquels je viens d'entrer m'ont-ils été inspirés plutôt par un sentiment d'affection que par un intérêt politique. J'ai cédé au plaisir de démontrer que l'inimitié si active, si constante de M. le général Donnadieu avait été gratuite dans son principe, et n'avait jamais obtenu aucunes représailles. En général, les ennemis qui ont attaqué M. Decazes avec une haine si violente, alors même qu'ils lui reprochaient l'immensité de son pouvoir, savaient bien que leur hardiesse était peu périlleuse; ils savaient bien que jamais ce pouvoir ne viendrait au secours d'une querelle personnelle; je pourrais citer tels ennemis de M. Decazes qui ont été long-temps protégés par ce titre. Dans sa vie privée comme dans sa vie publique, on chercherait en vain les traces d'un sentiment de haine et de vengeance; on chercherait en vain un ennemi qu'il ait persécuté, uu ami qu'il ait abandonné, un collègue accusé qu'il n'ait couru défendre. Souvent les difficultés de sa situation ont été compliquées par ces dispositions généreuses de son caractère. Arrivé aux affaires fort jeune, sans appuis, sans antécédens, au milieu de toutes les fureurs, en présence des plus grandes difficultés, sa politique fut toujours constante; mais sa marche fut chancelante parce que sa position n'était pas forte. Il dut alors former des liaisons politiques qui, dans des combinaisons nouvelles, cessaient d'être des appuis; il ne les abandonna jamais. Dans l'impuissance d'arrêter le torrent s'il l'eût attendu de front, il dut prendre des positions que plus tard il fallait abandonner. Ce qu'il y avait de mieux à faire à une époque était jugé avec sévérité pendant l'époque suivante, et M. Decazes ne récusant jamais la solidarité des actes auxquels il avait été appelé à concourir, recueillait à chaque changement qui s'opérait dans le ministère l'héritage des haines du ministère précédent. Par une combinaison bizarre, c'était à lui qu'on reprochait les fautes qu'il avait réparées. Il était plus accusé à mesure qu'il avait amélioré davantage la situation des affaires, parce que la comparaison du temps présent devenu meilleur, grâce à ses efforts, faisait paraître plus intolérable le mal qu'on avait souffert.

Pour échapper à une partie de ces inconvéniens il eût fallu sacrifier ses amis, renier ses antécédens, calculer ses relations personnelles sur la marche progressive du temps; il eût fallu, lorsqu'à la fin de 1818 il se laissa déterminer à rentrer dans un ministère nouveau, ne conserver aucun souvenir de ses anciens collègues, des concessions que des temps difficiles avaient pu imposer aux autres ou à lui-même, et, rendant une justice sévère aux hommes et aux choses, laisser à qui voudrait s'en charger le soin de défendre le passé.

Telle ne fut pas la politique de M. Decazes. On se souvient que la première loi proposée par lui dans la session de 1819 fut un hommage rendu à l'ancien président du conseil; le nouveau ministre de l'intérieur réclamait ainsi pour son compte toutes les haines que l'administration précédente avait excitées; il inspirait des méfiances qui allaient gêner ses combinaisons nouvelles. Depuis 1816 jusqu'en 1820, M. Decazes se chargeant ainsi de la responsabilité de toutes les fautes qui avaient été commises, ou sans son concours, ou malgré son opposition, il voyait chaque jour s'appesantir le fardeau sous lequel il a enfin succombé.

Mais, dira-t-on, pourquoi se laisser réduire à cette triste alternative de renier d'anciens amis, ses propres antécédens, ou de défendre des hommes et des choses qu'on ne saurait approuver soi-même? Pourquoi ne pas se retirer avant d'accepter la solidarité d'une mesure mauvaise, et conserver ainsi son indépendance pour l'avenir, avec l'avantage, grand sans doute, de ne pouvoir être accusé d'inconséquence dans le passé?

Il est facile d'établir de tels principes ; je dirai même qu'il est honorable de les suivre ; mais les peuples et les rois doivent aussi quelque reconnaissance à ceux qui appelés aux affaires dans des momens de crise, s'efforcent par des palliatifs d'en amortir la violence, et, constamment occupés de diminuer le mal, lorsqu'ils ne peuvent faire le bien, attendent avec persévérance des jours meilleurs, des occasions plus heureuses. Si M. Decazes eût quitté les affaires pendant la session de 1815, l'ordonnance du 5 septembre n'eût peut-être pas été rendue l'année suivante, et sans doute ce ne sera pas ceux qui croient que cette ordonnance a sauvé la France qui reprocheront à M. Decazes sa part de responsabilité dans les actes qu'il n'a pu empêcher en 1815.

Si M. Decazes eût quitté les affaires après le congrès d'Aix-la-Chapelle, l'ordonnance du 5 mars 1819 n'eût peut-être pas été rendue, et les intérêts nouveaux seraient privés d'une puissante garantie. Cette ordonnance a consolidé de grandes notabilités créées pendant vingt ans de gloire, et destinées à lier la France nouvelle aux siècles héroïques de la monarchie.

Je ne prétends pas dire cependant que M. Decazes pouvait seul obtenir ces grandes choses. Sans doute la sagesse, les lumières du monarque, lui eussent inspiré, lui inspireront encore ce qu'il faut faire pour sauver la France; mais la confiance dont le roi daignait l'honorer, la justice qu'il rendait à son dévouement passionné pour le service et la gloire de sa majesté, permettent de croire qu'il a puissamment concouru aux deux actes que je viens de rappeler.

Depuis 1815, l'influence de M. Decazes s'est fait souvent sentir dans les affaires, mais il est inexact de dire que, *pendant quatre années, il a seul dominé toutes les affaires de France;* il est aussi injuste qu'injurieux d'ajouter que *l'incapacité ou la mollesse de ses collègues ne lui opposait aucun obstacle.* Dans le conseil, hors du conseil, M. Decazes rencontrait des résistances contre lesquelles il luttait sans cesse, et souvent sans parvenir à les surmonter. Telle était sa situation lorsque la révolte de Grenoble éclata au mois de mai 1816.

Il n'entre pas dans mon plan d'examiner les diverses questions auxquelles cette affaire a donné lieu: je l'envisage sous un seul rapport; je cherche sur qui doit peser la responsabilité des événemens, quel que soit d'ailleurs le jugement qu'on en pourra porter. Je demande que cette observation ne soit point perdue de vue; pour juger du mérite de mes preuves, il faut qu'on comprenne bien ce que je veux prouver. L'auteur du mémoire auquel je réponds a craint de poser la question. Il est plus facile d'apercevoir son intention que de suivre ses raisonnemens. En effet, on peut lui demander : Jugez-vous que les rigueurs exercées à Grenoble soient exorbitantes et odieuses ? Si telle est votre pensée, vous convenez sans doute qu'elles ont frappé des innocens , ou que le danger n'était pas assez éminent , la révolte assez redoutable pour nécessiter un si grand nombre d'exemples terribles ; mais si nous interprétions ainsi la pensée de M. Berryer, il ne manquerait pas de protester sans doute : il nous rappellerait ce qu'il a dit (pag. 35) *de ces coupables trop justement punis ;* il nous rappellerait , et nous devrions en convenir, que tout le mémoire a pour objet de représenter cet événement comme de la plus haute importance , comme ayant fait courir à la monarchie un péril dont le général Donnadieu l'a sauvée avec une gloire proportionnée à la grandeur de ce péril. Ne cite-t-il pas, comme le premier de ses griefs contre M. Decazes, les paroles prononcées par lui dans la session de 1816, et dont l'effet était de diminuer l'importance de l'événement; mais si les condamnés étaient coupables, si la conjuration était si puissante dans ses moyens, si menaçante dans ses résultats, il n'y a point eu de rigueurs excessives à Grenoble, et la conduite du ministre de la police, en supposant que ces rigueurs dussent lui être imputées, serait encore conforme à son devoir. Pourquoi donc M. Berryer voudrait-il lui en faire un crime, et appeler sur lui une haine non méritée?

Si tout ce qui s'est passé à Grenoble est en effet juste et glorieux pour ceux qui y ont pris part, pourquoi le général Donnadieu prend-il tant de soin pour faire accepter la meilleure part de cette gloire à celui des ministres qu'il déteste le plus? Il est évident que M. Berryer se débat sous le poids d'une alternative inévitable : où il conviendra que de grandes et cruelles iniquités ont été commises à Grenoble, et alors en cherchant des complices à son client, il ne l'aura pas justifié ; ou il persistera à dire que tout a été conduit avec justice et humanité, et alors on ne comprend plus de quoi il accuse le ministre qui, selon lui, a donné la direction.

Si les raisonnemens de M. Berryer sont obscurs, ses intentions sont bien évidentes ; ce qu'il veut à tout prix, c'est perdre le duc Decazes dans l'opinion ; il lui importe peu qui il entraînera dans sa chute pourvu qu'il tombe ; il lui donnerait même des éloges si l'emportement de sa haine lui eût permis d'apercevoir que ce moyen était plus efficace que tout autre.

Quant à moi, mon opinion n'est pas douteuse, et je la prononce franchement. Je crois que des rigueurs excessives ont été commises contre des coupables ; je crains même que des coupables seuls n'aient pas été frappés ; mais, hors de France aux deux époques où cette malheureuse affaire a le plus occupé l'opinion, les détails m'en sont peu connus. J'ai plutôt conservé une impression pénible qu'une conviction raisonnée. Je n'essaierai donc pas d'examiner les diverses versions qui ont été répandues, de juger les procès auxquels elles ont donné lieu. Je n'accuse personne, pas même le général Donnadieu. Je prouverai seulement que ce qui a été fait à Grenoble appartient à lui seul, que le duc Decazes n'en est pas solidaire ; et le général Donnadieu, resté seul aux prises avec l'opinion, pourra ensuite à son gré se glorifier ou s'excuser.

Ce fut dans la journée du 6 mai que les premières nouvelles de la révolte de Grenoble arrivèrent à Paris ; elles étaient transmises par M. le préfet du Rhône et M. le lieutenant-général de police de Lyon ; ils les avaient reçues d'un officier que M. le lieutenant-général Donnadieu envoyait en courrier au ministre de la guerre ; ces dépêches étaient conçues en des termes propres à exciter les craintes les plus vives. On portait le nombre des insurgés à quatre mille ; on annonçait une résistance opiniâtre, attestée par le nombre de leurs morts. (*Pièces justificatives*, n°. 4.)

Un tel événement devait produire une profonde impression sur les ministres, instruits par l'exemple fatal de l'année précédente ; leurs alarmes durent être vives, leurs mesures énergiques.

Le premier devoir d'un gouvernement est sans doute de se conserver, la force publique lui est confiée pour cet usage ; les rigueurs nécessaires sont légitimes ; elles ne deviennent odieuses que si elles dépassent le but, si elles ne sont pas proportionnées à l'imminence du danger, au nombre des coupables qu'il faut épouvanter par des exemples. Quatre mille insurgés livrant bataille sous les murs de Grenoble, se défendant avec acharnement, devaient certes exciter toute la sollicitude d'un ministre fidèle, et si M. Decazes a écrit à cette époque les phrases rapportées page 39 du mémoire, je suis loin de chercher à l'en justifier : oui sans doute, il a pu écrire aux préfets voisins de l'Isère : *Aux plus légers symptômes de soulèvement, ne balancez pas, l'hésitation seule se-*

rait coupable. Ces phrases, je l'avoue, ne sont point en rapport avec l'événement, tel qu'il s'est passé à Grenoble, mais elles sont parfaitement en rapport avec cet événement tel que le général Donnadieu le représentait.

Les alarmes du conseil devinrent encore plus vives, lorsque le 9 mai les dépêches de ce général arrivèrent au ministre de la guerre ; elles commençaient par ces paroles : *Vive le Roi ! monseigneur, les cadavres des ennemis couvrent tous les chemins à une lieue alentour de Grenoble. A minuit les montagnes étaient éclairées par des feux, signal de rébellion dans toute la province* (*Pièces justificatives* , n°. 5.) Je n'ajouterai aucune réflexion à cette lettre ; chacun sentira sans doute qu'après avoir annoncé de tels dangers, fait naître de telles craintes, il est odieux, il est inique de reprocher aux ministres du Roi les mesures qui ont été la suite et de ces craintes et de ces dangers supposés : leur confiance dans le général Donnadieu a été trompée, mais cette confiance était naturelle. On ne pouvait supposer qu'un homme aussi familier avec les événemens militaires, aussi capable d'en mesurer l'importance, eût pu s'abuser ou abuser les autres à ce point.

De jour en jour de nouvelles dépêches venaient entretenir l'effroi qu'avait causé les prémières (*Pièces justificatives*, n°. 6). Ainsi quatre jours après la première attaque, le gé-néral écrivit pour demander en toute hâte des renforts de troupes que des avis nouvellement reçus faisaient juger nécessaires. *Les conjurés, selon lui, pouvaient en peu d'instans mettre quinze mille hommes sur pied pour marcher sur Lyon. Des dépôts d'armes avaient été découverts, dans la ville....; le 8 mai, à onze heures, des feux se faisaient de nouveau apercevoir sur les sommets des montagnes.*

Je pourrais multiplier les citations du même genre ; mais les mesures prises par le général Donnadieu à Grenoble, et dont il donnait connaissance au ministre de la guerre, attestaient bien plus encore que sa correspondance, et l'imminence du danger, et la nécessité d'avoir recours aux moyens de la plus extrême rigueur pour le combattre. Ainsi, après un premier jugement rendu par la cour prévôtale, les formes de ce tribunal ayant paru trop lentes, le prévôt et le procureur du roi n'ayant pas répondu à l'impatience du général Donnadieu, il fit traduire les prisonniers devant un conseil de guerre.

Les formes de la cour prévôtale trop lentes ! Telle n'est pas l'idée qu'on a généralement des tribunaux de cette nature : le zèle des magistrats qui la composaient ne devait pas non plus être soupçonné ; mais le colonel Planta ne pouvait consentir à violer toutes les formes ; *il voulait bien faire de grandes concessions à la circonstance, au désir des autorités ; mais il ne voulait rien faire d'inhumain et d'illégal : il consentait à braver tous les dangers, pourvu qu'on ne pût un jour l'appeler juge prévaricateur. (Pièces justificatives, N°. 7).*

Je publie cette lettre du colonel Planta, non pas seulement parce qu'elle prouve la violence du mouvement que le général Donnadieu imprimait à cette époque aux autorités de sa division, mais je la publie surtout parce qu'elle est une bonne action. Il est doux d'honorer de tels sentimens, il est utile que ceux qui les éprouvent soient encouragés à s'y livrer dans les circonstances même les moins favorables. Ces circonstances changent bientôt, l'humanité ne perd jamais ses droits, et celui qui lui a rendu hommage par une action, une parole, est récompensé tôt ou tard par l'approbation des âmes généreuses.

Le jugement des prisonniers fut donc attribué au conseil de guerre, et cette circonstance est devenue l'occasion de la plainte portée par les habitans de Grenoble contre le général Donnadieu.

M. Berryer justifie ainsi cette mesure : « La
» cour prévôtale, dit-il, eût été régulièrement
» saisie de la connaissance de toutes les autres
» affaires relatives à la révolte du 4 mai, si le
» ministère n'eût adressé au général Donnadieu
» une dépêche télégraphique ainsi conçue :

« 6 mai, six heures du soir.

« *Le département de l'Isère doit être con-*
» *sidéré comme en état de siége ; les autorités*
» *civiles et militaires ont un pouvoir discrétion-*
» *naire.* »

Ce serait donc, suivant M. Berryer, d'après
les ordres du ministère que les prisonniers auraient été livrés au conseil de guerre. Ici, je l'a-
vouerai, un étrange soupçon se présente à mon
esprit. J'ai sous les yeux une dépêche télégraphique au nom de M. Decazes; elle est aussi du 6
mai. (*Pièces justificatives, n*° 8.) Elle commence
par ces mots : *La plus grande sévérité doit
être déployée; la cour prévôtale doit juger sans
désemparer les prisonniers ; le département
doit être considéré comme en état de siége,* etc.
Serait-il possible que M. Berryer eût tronqué
cette dépêche, et qu'il présentât pour la justification de son client l'ordre même du gouvernement auquel il aurait contrevenu? Je ne
veux pas croire à une telle infidélité : peut-être

le général Donnadieu a-t-il reçu le même jour, d'un autre ministre, la dépêche télégraphique citée par M. Berryer ; mais ce qu'il m'importe de faire remarquer, c'est que même dans l'effervescence du premier moment, le duc Decazes recommandait de se conformer à la loi, de respecter les attributions fixées par elle ; dans cette même dépêche, il dit encore *qu'il faut surtout arriver à connaître les chefs ;* et plût à Dieu que cette indication eût été suivie !

L'établissement d'un conseil de guerre ne fut assurément pas la plus étrange des mesures que le général Donnadieu crût légitimées par l'urgence des circonstances. Ces mesures devinrent telles, que le gouvernement, bien que convaincu de l'imminence du danger, dut cependant les désapprouver ; on verra, par les lettres du duc de Feltre (*Pièces justificatives*, n°. 9), le jugement qu'en portait ce ministre. Au reste, je ne me présente point comme accusateur du général Donnadieu ; et si je rappelle des actes monstrueux de son administration, c'est moins pour les livrer à l'indignation publique que pour établir ce que j'ai avancé ; ce que j'ai intérêt à prouver, c'est que la conduite du général Donnadieu dans le département de l'Isère lui appartient toute entière , et que le duc Decazes ne peut en être solidaire.

Les ministres n'approuvèrent pas la création d'une commission militaire au mépris du texte formel de la charte (*Pièces justificatives*, n°. 10); ils n'approuvèrent pas qu'on rasât les maisons de ceux qui auraient recélé un coupable, que l'on condamnât à mort quiconque aurait conservé des armes. Mais lorsqu'ils voyaient de telles mesures adoptées par le général Donnadieu, ils ne doutaient plus que la rigueur la plus excessive ne fût un remède nécessaire; et s'ils insistaient pour qu'on se renfermât dans les limites de la loi, ils concluaient qu'on ne devait se relâcher en rien de sa sévérité.

Telles furent les considérations qui déterminèrent le refus de la demande en grâce des malheureux condamnés par le conseil de guerre. C'est toujours avec une extrême répugnance qu'on s'expose à être accusé de justifier une telle rigueur. Cependant, *si l'armée des révoltés eût en effet été aussi nombreuse; si quatre jours après sa défaite, elle s'était présentée pour une nouvelle attaque; si le plan de délivrer les prisonniers à main armée avait été formé; si des intelligences dans la ville devaient favoriser cette tentative; si quinze mille rebelles étaient prêts à se réunir pour marcher sur Lyon;* si toutes ces circonstances étaient exactes, un homme impartial sera forcé d'avouer que l'exécution de ving-cinq révoltés, pris les armes à la main, ne pouvait être qualifiée de cruauté. Or, toutes ces circonstances, le ministère les croyait ; il devait les croire d'après les assertions du général Donnadieu. C'est donc sur lui que pèse la responsabilité de ces rigueurs, et elles devront être qualifiées par chacun , suivant le jugement qu'il portera des assertions qui les ont déterminées.

Le général Donnadieu, dit M. Berryer, a sollicité la grâce des sept condamnés recommandés par le conseil de guerre à la clémence du roi. Je m'étonne que M. Berryer, qui sans doute a dans ses mains la correspondance de son client, ne nous fasse pas connaître les considérations sur lesquelles il avait appuyé cette demande. Il cite une lettre pleine en effet *de sagesse et de fermeté*, par laquelle le général Donnadieu annonce au ministre de la guerre l'exécution des malheureux condamnés ; mais ce n'est pas sans doute cette lettre qui peut écarter de son client la responsabilité contre laquelle il se débat. Le malheur était désormais irréparable ; je ne dirai pas que cette sensibilité tardive fut hypocrite ; mais pourquoi M. Berryer n'écarte-t-il pas même la possibilité d'une telle supposition, en nous communiquant la lettre que le général a écrite avant l'exécution.

Encore une fois, pourquoi ne la fait-il pas connaître, puisqu'il a bien su trouver celle qui est
postérieure ?

Si cependant le général Donnadieu affirme
qu'il a écrit aux ministres du roi pour solliciter
la grâce des condamnés, je ne le contesterai
pas, mais je proteste que je n'ai nulle part
aperçu aucune trace de cette démarche de sa
part. La lettre par laquelle il rend compte au
ministre de la guerre, du jugement du conseil
de guerre, n'en fait nulle mention. « Je suis
» assuré, dit-il, que sous peu de jours la
» crainte et la terreur auront remplacé d'auda-
» cieuses pensées. Aujourd'hui vingt-un de
» ces malheureux pris les armes à la main ont
» été condamnés par le premier conseil de
» guerre à la peine de mort. Cinq sont remis
» à la clémence du roi. Lorsque cette lettre
» parviendra à votre excellence, les seize au-
» tres auront subi leur jugement. »

Cette lettre était accompagnée de l'exem-
plaire de l'arrêté pris le même jour 9 mai, et
contenant les étranges dispositions que j'ai
rapportées. Le général Donnadieu ajoutait :
*l'esprit de sévérité dans lequel cette proclama-
tion est conçue est absolument nécessaire à
cette province, pour la faire rentrer dans le
devoir.* Si telle était la manière dont M. le gé-

néral Donnadieu sollicitait la clémence du roi en faveur des condamnés, il faudrait peu s'étonner du refus de la demande en grâce. Il semble qu'on ne pouvait former un argument plus fort contre la recommandation du conseil de guerre qui arrivait par le même courrier. Un acte de clémence en faveur d'individus pris les armes à la main, pouvait-il se concilier avec un état de choses tel que le faisait présumer la dépêche du général. Pouvait-il paraître compatible avec la sûreté du département, avec celle de l'état.

Je répéterai encore cependant, que je n'écris pas plus pour accuser le général Donnadieu, que pour justifier le rejet de la demande en grâce, je veux seulement démontrer que cette rigueur ne peut, avec justice, être imputée au ministère, qui, dans l'impuissance de vérifier les faits, les admettait sur le témoignage du général Donnadieu, et ne pouvait que prendre les mesures qu'il jugeait applicables à un état de chose donné. Au reste, ce n'est pas sur le ministère que M⁰. Berryer veut rejeter l'odieux du refus de la demande en grâce, c'est pour M. Decazes qu'il le réserve tout entier. *C'est vous, M. Decazes, lui dit-il, qui avez repoussé les demandes en grâce, c'est vous qui avez donné l'ordre d'exécuter les vingt-un condamnés.*

C'est sur cette apostrophe que Mᵉ. Berryer compte pour accabler le duc Decazes ; tout le venin de son mémoire est renfermé dans cette phrase ; mais la perfidie s'y trahit elle-même : chaque parole est une imposture.

Ce n'est point M. Decazes qui a repoussé la demande en grâce ; il n'était même pas dans les attributions de son ministère de la présenter au roi. Les demandes en grâce sont portées au pied du trône par le ministre de la justice.

Ce n'est pas M. Decazes qui a donné l'ordre d'exécuter les vingt-un condamnés ; la dépêche télégraphique qui transmet les ordres du roi est signée par M. le chancelier et le ministre de la police générale. On reconnaît la cause de la réunion de ces deux signatures en examinant cette dépêche : elle contient des décisions qui se rapportent aux attributions des deux ministères. C'était au chancelier à faire connaître la décision relative aux condamnés ; c'était au ministre de la police à donner des ordres pour la poursuite de Didier : Mᵉ. Berryer le sait bien sans doute. Pourquoi donc ne le dit-il pas ? pourquoi dissimule-t-il la signature de M. le chancelier au bas de la dépêche télégraphique (*Pièces justificatives*, n.° 11) ? ne serait-ce pas par le même motif qui lui fait dire (p. 85) que la cour prévôtale eût été sai-

sie de la connaissance de toutes les autres affaires relatives à la révolte du 4 mai, si le ministère ne l'eût empêché, quoiqu'il sache bien
que le 6 mai M. Decazes avait transmis, par
une dépêche télégraphique, l'ordre de traduire
les prisonniers devant la cour prévôtale.

Ainsi la haine et l'imposture se nuisent l'une
à l'autre en croyant se prêter un appui mutuel.
Ainsi toutes les accusations de M⁰. Berryer sont
ou calomnieuses ou absurdes; mais il en est
une plus grave que la lecture de son écrit fera
naître, et à laquelle il faut répondre.

Ici j'abandonne M⁰. Berryer et M. le général
Donnadieu; je crois n'avoir plus rien à dire à
ceux qui prétendent que le duc Decazes est un
homme féroce, ou à ceux qui l'accusent, avec
plus ou moins d'aveuglement, d'avoir vécu
constamment pendant quatre années en état
de conspiration contre le monarque, son bien-
faiteur; d'avoir travaillé de tous ses moyens à
renverser un ordre de choses dans lequel la
bonté du roi avait marqué sa place tellement
au-dessus de ses espérances. Plût au ciel que
M. Decazes n'eût que de tels accusateurs! Je
réponds à ceux qui lui reprochent plutôt le
bien qu'il n'a pas fait, que le mal qu'il n'a pu
empêcher; je réponds à ceux qui, après avoir
examiné cette malheureuse affaire, reconnais-

sent que le ministère a été induit en erreur par le rapport de l'autorité locale. Ils conviendront que, dans le premier moment, il est excusable d'y avoir ajouté foi. Mais enfin, diront ces hommes impartiaux, cette erreur n'a pas duré toujours ; et, après l'avoir reconnue, comment le ministère a-t-il continué sa confiance à ceux qui l'avaient trompé ? Le gouvernement pouvait-il croire que les passions se calmeraient sous l'influence d'un homme dont la présence rappellerait de tels souvenirs ? Était-il possible que la population se rassurât sur le sort de nos institutions nouvelles, lorsqu'elle reconnaissait dans le fonctionnaire le plus éminent du département celui qui avait soutenu que la France ne pouvait être sauvée qu'inconstitutionnellement, qu'elle devait, pour son bien, être livrée au pouvoir militaire, qu'il fallait, sans s'arrêter aux scrupules de quelques hommes timides, jeter de l'autre côté des mers trois ou quatre mille misérables indignes de toute clémence ?

Conserver à la tête d'une division militaire celui qui y avait professé de telles doctrines, c'était conspirer contre la tranquillité du pays, c'était préparer les scandales que des ressentimens long-temps comprimés ne pouvaient manquer de faire éclater un jour.

Je ne méconnais pas la force d'un tel argument, il renferme, je crois, ce qui peut être opposé de plus spécieux à l'administration des quatre dernières années ; il n'accuse pas seulement la conduite du ministère, à l'égard du département de l'Isère, mais, en le généralisant, on arrive à ce grand reproche qui comprend tous les autres, celui d'avoir laissé l'ordonnance du 5 septembre stérile, de n'avoir pas profité de cet événement pour établir en France le gouvernement représentatif dans sa franchise et dans sa force ; le reproche de n'avoir pas assuré aux intérêts de la France nouvelle, la garantie qu'ils réclament pour leur défense ou leur sécurité.

En effet, si le gouvernement constitutionnel est la condition nécessaire de l'existence de la dynastie, et sans doute de l'ordre social en France, c'est surtout parce que ce gouvernement seul peut garantir à la France la conservation des intérêts nouveaux, trop disposés à se croire menacés. Tant qu'une sécurité complète ne sera pas acquise à la France sur ce point, elle ne jouira d'aucun repos ; tant que les garanties nécessaires pour opérer cette sécurité ne seront pas données tout entières par le gouvernement lui-même, les peuples seront exposés à faire fausse route en allant demander ces garanties aux hommes qu'ils croient les plus opposés au retour de l'ordre de choses antérieur à la révolution.

Le besoin le plus impérieux de la France est donc une sécurité complète pour les intérêts nouveaux ; et un ministre qui n'aurait pas connu ces besoins que le pays proclamait si hautement , ou qui les ayant connus n'aurait pas eu le courage de les satisfaire , ne mériterait ni le titre d'homme d'état ni celui de bon citoyen. J'admets cette doctrine dans toute son étendue , mais je récuse l'application qu'on en voudrait faire au duc Decazes.

Dans la lutte engagée depuis la restauration , entre les intérêts anciens et les intérêts nouveaux , il a combattu constamment pour ceux-ci.

La lutte était difficile , les succès ont été partagés. En définitive il a été vaincu : lui reprocher sa défaite, c'est joindre l'ingratitude à l'injustice. Ses ennemis l'ont mieux jugé. La vivacité de leurs attaques constamment dirigées sur lui seul, leur joie démesurée lors de sa retraite, leur acharnement à le poursuivre encore aujourd'hui, témoignent hautement la crainte qu'il leur inspirait ; non sans doute que cette crainte ait jamais porté sur les intérêts véritables du trône ; mais ils redoutaient , ils poursuivaient en lui l'homme nouveau, l'homme étranger aux préjugés de l'aristocratie, l'homme qui cherchait les appuis du trône hors de l'émigration et des restes affaiblis du privilége. C'était ici la guerre des intérêts nouveaux contre les intérêts anciens, des institutions nouvelles contre les espérances et les regrets de l'ancien régime. M. Decazes était placé au milieu de cette lutte, et, par conviction, par principes, par fidélité au roi, il secondait les intérêts nouveaux, les intérêts nés de la révolution, mais il les secondait avec cette progression lente et modérée qui était à la fois son devoir et la condition du succès.

On demande pourquoi ce ministre, dont tous les partis ont exagéré la puissance, ne retirait pas les emplois aux ennemis des institutions nouvelles ! Mais que ne demande-t-on aussi pourquoi il s'est laissé renverser lui-même ? Lui était-il plus facile de désarmer ses ennemis que de leur résister ? Ces ennemis, dira-t-on, trouvaient toute leur force dans les ménagemens pusillanimes qu'il avait pour eux. Une fois franchement attaqués, ils eussent été découragés pour toujours. Un pareil résultat sans doute est probable et serait facile, en supposant le système constitutionnel entièrement établi. L'action de ce système en effet doit inévitablement assurer le triomphe des véritables supériorités, et détruire toutes les vaines prétentions. Mais lorsque la France était encore envahie par les troupes étrangères et par les lois d'exception, lorsqu'il s'agissait de défendre à la fois l'autorité royale, l'indépendance nationale, et les premières bases du système constitutionnel à peine ébauché, alors sans doute, il était impossible d'écarter en un moment tous les obstacles, de renverser toutes les résistances que la plénitude du gouvernement constitutionnel ferait bientôt disparaître. Quoique les intérêts de l'ancien régime soient numériquement très-faibles, quoiqu'ils ne puissent offrir à la royauté héréditaire et constitutionnelle des Bourbons qu'un appui fragile et trompeur; cependant les défenseurs obstinés de ces intérêts occupent des positions importantes; et, impuissans à sauver le trône, ils prétendent au droit exclusif de l'entourer. Cette circonstance, que l'histoire de notre révolution explique suffisamment, doit créer une difficulté de plus dans la politique intérieure de la France. M. Decazes a subi tout le poids de cette difficulté qui ne pourra être surmontée que par le développement même de nos institutions.

Une coalition puissante forcée d'adopter les formes constitutionnelles s'y résignait dans l'espérance de faire la contre-révolution avec la

Charte, d'enter les abus de l'ancien régime sur un simulacre de liberté, et de donner par surcroît le monopole du gouvernement représentatif à ceux qui ont, d'ancienne date, le monopole de la cour; c'était sans doute une grande folie, un grand délit contre la royauté et contre la France. Personne n'a été plus opposé que M. Decazes à cette entreprise; personne ne l'a plus fortement, plus efficacement combattue, personne n'a plus fait pour la réprimer dans le présent, et la rendre impossible dans l'avenir. C'est là son administration et sa gloire : le temps et le développement des institutions doivent faire davantage; mais il fallait d'abord, au milieu des obstacles de tout genre, travailler au maintien du gouvernement représentatif, puisque ce gouvernement devait et pouvait seul devenir l'instrument de toutes les améliorations, le point de départ de toutes les réformes. L'ordonnance du 5 septembre, la loi des élections, le rappel des bannis, la loi de recrutement, la promotion des pairs, et plus récemment encore sous des auspices différens, l'augmentation de la chambre des députés, ont été les degrés successifs, ou les conséquences forcées de ce système, qui avait à la fois pour but et pour moyen la consolidation du gouvernement représentatif en France. Les concessions de détail, les ménagemens, les fautes même ne sont rien devant ce résultat décisif ; il corrige, et assure tout le reste. Il élève une barrière contre les tentatives de ces hommes que M. Decazes n'a pu vaincre, mais dont il a rendu la défaite inévitable ; de ces hommes aux vœux desquels s'opposent également et le présent et l'avenir de la monarchie.

J'ai dit à la tribune que les intérêts anciens formaient en France une véritable ligue ; j'ai cité le département du Gard, où ils sont plus fortement organisés que partout ailleurs ; j'ai dit que ce parti respectait peu l'autorité royale, et semblait reconnaître un autre roi que le roi. Depuis ce jour les écrivains défenseurs connus de ce parti feignent d'avoir à défendre le prince placé sur le premier degré du trône, comme s'ils avaient le droit de faire de sa cause la cause de leurs passions, de leurs prétentions et de leurs haines. Quoi ! parce qu'on attaque leur parti, ils disent qu'on outrage le prince! Eh ! qui les autorise à imposer à ce prince le titre de chef de leur parti? Croient-ils être inattaquables à l'abri d'un nom dont ils abusent? Quoi ! ces mêmes hommes qui disaient naguère que les ministres du roi abusaient de son nom, de sa signature, de sa puissance, s'indignent aujourd'hui parce que j'ai supposé qu'on pouvait abuser du nom d'un prince ! Vaine ruse qui ne diminuera pas le respect dû à ce prince auguste, mais qui ne persuadera pas qu'ils aient droit à le partager.

Depuis le commencement de cette année une route assez longue a été faite dans une direction contraire à celle que l'ordonnance du 5 septembre avait semblé nous ouvrir. Remarque-t-on que la marche devienne plus facile ? Les résistances que rencontrait le pouvoir cèdent-elles aujourd'hui avec moins d'efforts, la tranquillité publique est-elle plus assurée, et le pays enfin plus calme, plus heureux ? S'il est difficile de se faire cette illusion, il ne l'est pas moins de méconnaître la cause de cette triste progression. Depuis la fin de l'année dernière les intérêts nouveaux se sont crus menacés, et plus leur crainte augmentera plus les symptômes effrayans augmenteront d'intensité.

Heureusement la combinaison même de notre gouvernement offre un remède contre les erreurs du pouvoir et l'inquiétude publique. Il est bien tard pour revenir sur la Charte et la Charte maintenue en droit finira toujours par l'être de fait. On a mûri le gouvernement représentatif en voulant le retarder; l'élection à deux degrés vainement proposée a fait place à l'augmentation du nombre des députés. Ainsi toutes les tentatives imprudentes contre la liberté légale amèneront le besoin et l'adoption de garanties nouvelles. La France par sa position comme par la sagesse de son roi est déjà hors de la portée de ces coups d'état dont M. le général Donnadieu donnait la théorie et la pratique en 1816, et que tout récemment encore les écrivains du même parti voulaient appliquer à l'année 1820. L'ouvrage constitutionnel a été suspendu en France, et notre horizon s'est chargé de nuages; mais quelque agités que paraissent les esprits, le développement complet du gouvernement représentatif pourra toujours les calmer. L'avocat de M. le général Donnadieu nous parle douloureusement de l'irréparable ordonnance du 5 septembre. Elle l'est en effet, à peu près autant que la Charte, et ses conséquences lentement développées mais irrésistibles attesteront la sagesse du souverain. Elles attesteront peut-être aussi le zèle d'un ministre qui, sans doute, n'a pas laissé cette ordonnance stérile puisque sa chute n'en rend pas les effets moins irrévocables.

PIÈCES

JUSTIFICATIVES,

PIÈCES

JUSTIFICATIVES.

(*N°. 1.*)

Les paroles de M. Decazes étaient conformes à la plus exacte vérité. — Page 9.

(Pièce *a.*)

Copie *d'une lettre de M. de Bastard, Commissaire général de Police à Grenoble, en date du 15 mai 1816, au Ministre de la Police générale.*

Nota. Cette lettre est la seule de celles que je produis qui ait été adressée au ministre de la police.

Monseigneur,

J'ai l'honneur de vous transmettre copie de différens rapports que j'ai oublié de joindre à ma lettre d'hier. Ils vous prouvent, Monseigneur, que des agens qui avaient été envoyés par moi dans les campagnes pour en connaître l'esprit et prendre les mesures que pourraient exiger les circonstances , malgré les courses fréquentes et réitérées de ces agens , dont les rapports coïncidaient avec ceux des maires , je n'ai rien pu acquérir de certain et de posisif ; et cela ne vous surprendra pas , Monseigneur , lorsque vous apprendrez que , d'après les dépositions des prisonniers pris dans la nuit du 4 au 5 , tous s'accordent à dire que ce n'est que quelques heures avant l'exécution du complot qu'ils ont été , les uns séduits , les uns forcés , et plusieurs entraînés ; et tous les maires des environs et les honnêtes habitans des campagnes font la même déposition. *Biolet* et ....., qui jouent un grand rôle dans cette affaire , étaient encore dans Grenoble samedi matin. Du reste , Monseigneur , les officiers à demi-solde étaient exactement surveillés ; et , avant la journée du 4 , je m'étais assuré qu'aucun de ces individus n'avait quitté Grenoble; avant ce même jour 4 , des visites domiciliaires avaient eu lieu , des arrestations avaient été faites , et tous les hôtels et chambres garnis avaient été soigneusement visités , pour connaître tous les étrangers. Ces mesures , permettez-moi de l'observer à Votre Excellence , n'ont pas peu contribué a maintenir le bon ordre dans la ville de Grenoble.

Je n'ai pu voir sans beaucoup de peine dans le Journal des Débats de samedi 11 mai , l'article qui regarde Grenoble , extrait d'une lettre particulière. Tout y est complétement faux , et j'y trouve une exagération bien dangereuse. Le rassemblement n'était pas de huit cents hommes , mais bien de trois cents dont à peine la moitié armés. Il n'y a point eu de canon de sorti , ni de tiré. Cent soixante insurgés n'ont point péri ; le nombre des morts s'élève à six. Ce qu'il y a de vrai dans cet extrait , c'est que quarante individus à peu près ont été pris les

armes à la main, et que le sieur Didier a dirigé le complot.

Je ne sais pourquoi on a voulu donner à cette affaire
déjà si fâcheuse un tout autre caractère que celui qu'elle
présente. Je n'entrerai pas dans plus de détails ; mais
je vous supplierai de donner une attention particulière
à la conduite que j'ai tenue et aux mesures que j'ai
prises avant ce fatal événement.

Je reçois à l'instant un ordre du jour de M. le lieutenant général Donnadieu. J'ai l'honneur de vous en
transmettre copie, et prie Votre Excellence de vouloir
bien me donner ses instructions pour diriger ma conduite dans ce nouvel ordre de choses.

J'ai l'honneur, etc.

(Pièce *b.*)

Extrait *du rapport de M. le comte de Montlivault,*
Préfet de l'Isère.

Nos deux rapports furent cependant très-différens :
nous étions surtout en opposition sur le nombre des
rebelles. Le général le portait à quatre mille, moi je ne
le portais que de quatre à cinq cents. Je fondais mon
calcul sur les diverses informations qui m'étaient parvenues pendant la nuit, et surtout sur les interroga-
toires des prisonniers qui m'avaient fait connaître à peu
près le nombre des insurgés de chaque commune.
L'instruction de l'affaire a prouvé que je m'étais fort
approché de la vérité.

Il a été démontré que Didier n'avait pas rassemblé plus de trois à quatre cents hommes ; il espérait, à la vérité, en réunir un plus grand nombre ; et, jusqu'à dix heures du soir, il a compté sur les coopérations des douaniers, qui, malgré la promesse que paraît lui en avoir faite par l'entremise d'un sieur Joly, officier à demi-solde, l'inspecteur qui les commandait, ne se présentèrent point au rassemblement. Cette défection fit présager à Didier le mauvais succès de son entreprise, et il a déclaré qu'il ne l'aurait pas tentée « si les arres- » tations de la nuit précédente ne lui avaient démontré » que l'administration était avertie, et s'il eût été maître » de garder son secret. » Il ne prit donc conseil que de sa position, et hasarda l'attaque de la ville ; il conduisit lui-même les rebelles ; son cheval fut, non pas tué, comme le dit le général, mais seulement blessé ; il descendit et se sauva par Eybens dans les montagnes, et de là en Savoie où il fut arrêté.

(Pièce c.)

Extrait *d'une délibération du conseil général de l'Isère.*

Le conseil général de l'Isère attendait avec impatience l'époque de sa réunion pour déposer aux pieds du trône l'hommage de son respect, de son amour. et de son inaltérable dévouement. S'il y a eu à gémir de l'égarement de quelques habitans des campagnes ; il se glorifie de l'élan spontané qui, au premier signal, réunit tous les propriétaires du département contre les factieux.

(Pièce *d.*)

Extrait *d'une lettre de S. Ex. le Ministre de la Guerre, en date du 25 mai 1816, à M. le général Donnadieu.*

Monsieur le vicomte, j'ai vu avec peine par votre correspondance, et particulièrement par vos lettres des 18 et 20 du courant, que vous avez été affecté de quelques observations que je vous avais adressées particulièrement dans ma dépêche du 14. Il me semble qu'avec le zèle qui vous anime pour le service du roi, et la certitude qu'il est parfaitement appuyé par S. M., vous auriez pu recevoir, avec un autre sentiment, des réflexions confidentielles que j'ai dû vous faire, tant dans l'intérêt du pays que d'après la volonté expresse de S. M.

Lorsque je vous ai parlé de l'exagération de vos premiers rapports, ce sont vos rapports postérieurs qui m'ont fourni eux-mêmes le texte de mes assertions, et même, en général, leur variation et leur peu de concordance autorisaient toute espèce de doute. Il paraît certain, par exemple, que les habitans de Quay n'ont marché sur Grenoble qu'avec peine et en petit nombre, et que même, pour les entraîner à la Bastille, Brun a été obligé de leur persuader qu'il marchait d'après un ordre légal, et qu'il ne s'agissait que de réjouissances pour le passage de madame la duchesse de Berry, etc.

(*N*o. 2.)

Impossibilité d'administrer de concert avec le général
Donnadieu. — Page 13.

(PIÈCE *a.*)

Grenoble, le 1ᵉʳ. mars 1818.

Le Recteur de l'Académie de Grenoble,
à M. le Préfet de l'Isère.

Monsieur le Préfet,

D'après la demande que vous m'en avez faite , j'ai l'honneur de vous transmettre le récit de ma rencontre d'aujourd'hui avec M. le général Donnadieu.

J'avais traversé le pont de pierre, me dirigeant vers la porte de France ; lorsque j'ai vu le général s'avancer vers moi , à cheval , et accompagné d'une escorte et de plusieurs officiers. Je me suis empressé de mettre la main à mon chapeau pour le saluer ; et lui, au lieu de répondre à mon salut , a détourné la tête , et s'adressant à l'officier qui était à ses côtés , lui a dit à haute voix :

» Quand sur la rue on rencontre un coquin,
» Dites tout haut , c'est l'ami de Choppin. »

Les réflexions les plus affligeantes se pressent dans mon esprit , après un procédé aussi inconcevable.

Recevez l'assurance, etc.

Signé : Aug. SORDE , *Recteur de l'Académie.*

55

(Pièce *b*.)

Grenoble , le 1ᵉʳ. mars 1818.

*Le colonel de la légion de la Loire , à S. Ex. le
Maréchal marquis de Gouvion-Saint-Cyr, Ministre
de la Guerre.*

Monseigneur ,

Vous n'ignorez pas sans doute la scission qui divise les premières autorités de Grenoble , et par suite la ville elle-même. J'avais pris la résolution de rester neutre , mais la nouvelle défense qui vient d'être faite aux officiers au cercle de la garnison par M. le lieutenant général Donnadieu de se présenter chez M. le préfet , m'oblige à rendre compte à Votre Excellence de ma conduite et des motifs qui m'ont déterminé.

Avant mon arrivée je connaissais la division qui existait entre le général et le préfet, je m'étais déterminé à ne point m'en mêler ; cependant j'ai été surpris de voir que les autres légions de la garnison avaient pris ce parti : le général ayant su que les officiers de la légion allaient chez le préfet, m'insinua que c'était un homme à ne pas voir , un espion de police, qu'il avait manqué à la robe, etc. , etc. ; qu'il espérait que je suivrais l'exemple des autres légions. Je lui répondis que je ne craignais point les espions de police, parce que ma conduite était franche et loyale , que je ne concevais pas trop comment un préfet pouvait manquer à la robe ; que si celui-ci manquait à moi ou à mon corps d'officiers, je saurais très-bien le lui dire ; que mon intention n'était pas de faire ma société particulière de **M.** Choppin-d'Arnouville, que je ne le connaissais pas, mais qu'il était de mon devoir de me présenter quelquefois chez le préfet; qu'étant l'homme du roi, revêtu de sa confiance et d'une portion de son autorité, je lui devais à ce titre des égards et de la considération; que d'ailleurs je regardais cette scission entre le civil et le militaire comme une calamité publique, que je pensais qu'il n'était point convenable de faire d'une querelle particulière une querelle de corps; qu'il ne m'appartenait pas d'en approfondir les motifs, mais qu'il était encore de mon devoir de ne pas y entrer; qu'au surplus je ne pensais pas avoir le droit de défendre aux officiers d'aller chez une autorité; qu'il m'en coûtait beaucoup de ne pouvoir me conformer à ses désirs, mais qu'il fallait de très-puissans motifs pour m'y refuser; enfin il finit par me dire de faire comme je l'entendrais. Quoique ce consentement me fût donné d'assez mauvaise grâce, je me crus suffisamment autorisé; cependant j'ai voulu y mettre tous les procédés imaginables et le moins d'affectation possible. J'allais trois fois chez le général contre une chez le préfet : cette conduite m'attira d'abord quelque peu de froideur, et quelques applications indirectes auxquelles je m'abstins de répondre.

Enfin les choses semblaient apaisées lorsqu'aujourd'hui à la parade, le général ayant réuni les officiers en cercle, après une longue diatribe dirigée contre le préfet et les officiers qui se permettaient d'aller chez lui, il a conclu par dire que l'injure faite à un militaire devait être ressentie par tous, qu'il regardait comme indignes de se présenter chez lui tous les officiers qui iraient dorénavant dans cet antre (terme dont il s'est servi pour désigner la maison du préfet).

J'épargnerai à Votre Excellence la longue série d'épithètes dirigées contre cette autorité et les sarcasmes indirects qui m'étaient adressés à la tête du corps d'officiers : mais j'ai cru devoir vous rendre compte de ma conduite et de mes motifs, et je m'applaudissais d'autant plus de la résolution que j'avais prise lors de mon arrivée, que j'ai à peu près eu lieu de me convaincre qu'il existe dans cette division beaucoup d'esprit de parti ; de ma vie je n'ai arboré la bannière d'aucun parti, je ne connais que celle du roi, et celle-là nulle puissance au monde ne me la fera abandonner : je dois cependant, pour rendre hommage à la vérité, avouer que le préfet se conduit d'une manière très-sage.

Comme mon intention est toujours de suivre le système de neutralité dans cette scission, et que la défense du général est positive, je me suis imposé de suivre ponctuellement son ordre et de ne me présenter chez lui ni chez le préfet à moins d'affaires de service, jusqu'à ce qu'il plaise à Votre Excellence de tracer ma conduite ; je la supplie avec d'autant plus d'instance de vouloir bien me donner des ordres à cet égard, que je n'ignore pas que je vais me trouver en butte à toute la violence connue du caractère du général Donnadieu.

J'ai l'honneur, etc.

Signé : MOREAU, *Colonel de la Loire.*

(*N°. 5*)

Moyens de gouvernement proposé par M. le général
Donnadieu. — Page 15.

Grenoble, le 28 mai 1816.

Lettre *de M. le général Donnadieu au Ministre
de la Guerre.*

Monseigneur,

Personne plus que moi n'aime à vivre sous la puissance
des lois ; personne, j'ose le croire, n'a prouvé d'une manière plus positive son amour pour elles et son opposition aux votes du despotisme. Autant je suis convaincu
que les peuples et les nations doivent attendre leur
prospérité et leur bonheur de leur marche régulière,
autant aussi je suis persuadé et me convaincs tous les
jours davantage que les Codes de législation faits et
institués pour gouverner les hommes dans des temps
ordinaires, et les faire arriver à ce qu'ils peuvent espérer
de mieux dans l'ordre social, autant je crois, dis-je, que
ces mêmes lois sont insuffisantes pour arriver à ces fins
dans des temps de crise et de fièvre révolutionnaire,
tel que celui où se trouve la France en ce moment. Je
me rappelle de ce qu'elle était lors du retour de Bonaparte d'Égypte, et je ne crois pas me tromper en affir-
mant positivement qu'il s'en faut de beaucoup qu'il y
eût alors autant d'élémens de discorde, de malheurs

et de bouleversemens répandus dans toutes les têtes qu'il y en a à présent. Toutes les prétentions, toutes les ambitions et les passions les plus effrénées sont en mouvement, des milliers d'individus rejetés de tous les pays où s'était étendue la puissance de Bonaparte, rentrés dans l'intérieur de la France, sans emploi et sans fortune, n'attendent et n'aspirent qu'à un changement de choses qui puisse leur ouvrir quelques nouvelles chances favorables à leurs intérêts ; d'une autre part, il est impossible de détruire dans l'esprit du peuple, et surtout chez les habitans de la campagne, ce que la malveillance cherche à leur persuader tous les jours. Les dîmes, les droits féodaux, la restitution des biens nationaux, seront incessamment le résultat des premiers actes du gouvernement ; joignez à cela presque toute l'armée en non-activité. Voilà, Monseigneur, les auxiliaires innombrables qui sont à la disposition de tous les chefs de partis, de tous les intrigans, des hommes couverts de crimes dans le cours de la révolution, prêts à chaque heure à renverser le gouvernement et l'état, pour le livrer au plus offrant, sans que ni la charte, ni la foi du serment, ni rien de ce qui retient les hommes puisse être le moindre obstacle à leurs yeux.

Ce n'est donc, Monseigneur, et j'ose le soutenir à Votre Excellence ainsi qu'au conseil de Sa Majesté, que par des lois extraordinaires qu'on peut prévenir et s'opposer à des circonstances aussi extraordinaires : lorsque Sa Majesté a donné sa charte à la France, elle croyait concilier tous les partis, anéantir toutes haines, et donner enfin aux Français la paix et le bonheur qu'ils avaient perdus depuis long-temps.

L'expérience de l'année dernière a prouvé combien

peu ont été justifiés des sentimens aussi généreux. Un homme qui avait couvert ce pays et l'Europe de misères et d'infortunes a reparu comme un chef de bande, à la tête de huit cents hommes, et cela a suffi pour renverser un édifice sur lequel reposait la prospérité et le salut de la nation entière. Maintenant on répondra que ce même événement ne peut plus avoir lieu ; moi je soutiens le contraire, et je juge par ce que je vois ici, et par ce que j'apprends de beaucoup d'autres contrées de la France, qu'il existe beaucoup plus de moyens de bouleversement qu'il n'en existait l'année dernière ; que la surface de beaucoup de provinces est couverte de salpêtre, qu'il ne faut plus qu'une étincelle pour allumer l'incendie, et que si les mesures les plus promptes et les plus sévères confiées à des hommes dévoués, ne sont prises pour prévenir ceux qui auraient l'audace d'allumer les premiers cet incendie révolutionnaire, ou qui ne sauraient pas l'arrêter assez à temps s'il venait à s'embraser, il ne soit possible que d'ici à peu de temps il n'arrive des malheurs incalculables sur notre infortunée patrie, et qu'il ne serait pas à la puissance des lois ordinaires de prévenir ni d'arrêter. Je ne vois alors, pour s'opposer à des maux semblables, que les moyens que dans toutes les époques du monde les grands peuples et les gouvernemens forts et vigoureux ont su employer, adapter au mal les remèdes qui lui sont propres, et, sans aller chercher bien loin chez les peuples anciens comme chez les peuples modernes, se servir des mêmes mesures employées par Bonaparte, à qui on ne peut refuser d'avoir bien connu la manière de conduire les Français dans l'état de démoralisation où ils sont arrivés ; se servir, dis-je, de ces moyens qui lui avaient parfaitement réussi pour parvenir au bien, comme il est arrivé au résultat du mal ; *purger enfin l'état de trois à quatre mille factieux sur lesquels toute la clémence et les bienfaits du meilleur des monarques ne peuvent rien.* Envoyer ces hommes, *éternels artisans de révolutions, dans des colonies loin-* *taines y républicaniser à leur manière.* Quelques hommes de mauvaise foi crieront à l'injustice, quelques âmes timides seront étonnées ; mais au bout de quelque temps, il renaîtra de là le salut de tous, et la sécurité du trône et de la légitimité. Le peuple entier bénira et l'Europe payera un tribut d'admiration aux hommes capables qui auront su opposer un grand courage et une grande détermination aux catastrophes qui menaçaient l'état et devaient l'entraîner dans sa ruine. L'armée seule, Monseigneur, peut opposer une digue forte à ce torrent prêt à tout renverser. L'armée bien comman-dée, étrangère à tous les partis, à toutes les factions, à tous les intérêts personnels, ne connaît qu'une obéis-sance passive à ses chefs. Maintenant des officiers bien choisis répondent d'elle ; l'engagement qu'elle a déjà pris ici est un sûr garant de sa conduite à venir : qu'à elle seule le conseil ose donc confier la conservation du trône et le salut de l'état ; j'ose assurer qu'elle répondra noblement à cette attente, et je dis que c'est le seul moyen de tranquillité publique qui existe ; surtout que dans ce moment difficile, la prévention contre l'abus du pouvoir militaire n'arrête point cette mesure essentiel-lement impérieuse et efficace. Je le déclare, le mal fait par l'armée l'année dernière sera réparé par la nouvelle armée cette année ; si on veut se fier à elle, *qu'on dés-* *arme la population, mesure extrémement essentielle,* *pour ne pas laisser des moyens entre les mains d'hom-*

mes qui sont à la discrétion de tous les chefs de partis ,
et qu'il n'y ait d'armée en France que l'armée royale ; que
la haute police soit absolument dirigée par les commandans de province , et la patrie et le roi seront sauvés.

Il me semble impossible, Monseigneur, de sortir de
ce dilemme, ou sauver la France inconstitutionnellement, ou la perdre constitutionnellement.

(N.° 4)

(Pièce a.) Page 25.

DÉPÊCHE TÉLÉGRAPHIQUE.

Lyon , 6 mai 1816.

Le Préfet du Rhône, à S. Exc. le Ministre de la
Police générale.

Dans la nuit du 4 au 5 un rassemblement d'environ
quatre cents hommes a attaqué Grenoble de tous côtés.
Les insurgés ont été battus sur tous les points. On leur
a fait un grand nombre de prisonniers ; on est à la
poursuite des fuyards dans les montagnes.

(Pièce *b.*)

Dépêche télégraphique de Lyon , transmise à Paris
le 6 mai 1816.

Lyon , 6 mai.

*Le lieutenant.général de Police à Lyon , à S. Ex. le
Ministre de la Police générale.*

Un courrier qui se rend à Paris est passé hier soir à
Lyon. Il a assuré que dans la nuit qui a suivi l'affaire
d'Eybens , quatre mille insurgés se sont présentés sous
les murs de Grenoble, pour s'emparer de la ville. Ils ont
ont été repoussés ; la terre est couverte de leurs morts ;
à chaque instant il arrive des prisonniers. La bande est
détruite.

Les magistrats et les soldats ont bien fait leur devoir ;
tout est parfaitement tranquille à Lyon où ces événemens
sont à peine connus. Plus les circonstances sont difficiles ,
plus le Roi peut compter sur le dévouement et le courage de ses fidèles Lyonnais.

—————

(*N°. 5*)

(Pièce *a.*) Page 6.

vive le roi ! Monseigneur.

Les cadavres de ses ennemis couvrent tous les chemins
à une lieue alentour de Grenoble. Je n'ai que le temps
de dire à Votre Excellence que les troupes de Sa Majesté
se sont couvertes de gloire. A minuit, les montagnes
étaient éclairées par les feux , signal de rébellion dans

toute la province, heure à laquelle la ville a été attaquée sur tous les points à la fois. Ils me croyaient parti avec la garnison, pour aller occuper la ligne que doit parcourir son altesse royale madame la duchesse de Berry. Ils ont appris, à l'heure même, que les fidèles troupes du roi étaient là. Les portes se sont ouvertes au cri sacré de ralliement de tous les dignes Français, et au pas de charge; toutes les bandes ont été culbutées. Encore en ce moment, la brave légion de l'Isère, dont je ne saurais trop faire l'éloge, et surtout de son valeureux et digne colonel, le chevalier de Vautré, poursuit le reste de ces scélérats, qui fuient à travers les montagnes. Des prisonniers arrivent à tout instant. Déjà plus de soixante se trouvent en notre pouvoir; un bien plus grand nombre est attendu; la cour prévôtale va en faire une prompte et sévère justice.

J'aurai l'honneur de rendre compte à Votre Excellence aussitôt que tout sera terminé. Je remonte à cheval à l'instant.

Daignez, Monseigneur, mettre aux pieds de Sa Majesté les vœux et le plus profond respect de ses fidèles sujets, qui, dans cette ville, avec le plus noble enthousiasme, ont montré, cette nuit, des sentimens vraiment français, dignes du prince et de la patrie.

Toutes les autorités ont rivalisé de zèle; civils et militaires, tout le monde a fait son devoir. On évalue le nombre des brigands qui ont attaqué la ville à quatre mille.

J'ai l'honneur, etc.

Le lieutenant général commandant
la 7ᵉ. division militaire ;
Signé : DONNADIEU.

(PIÈCE *b.*)

ÉTAT Nominatif des individus trouvés morts sur le champ de bataille, dans la nuit du 4 au 5 mai 1816, transmis par le commissaire général de police à Grenoble, le 27 mai 1816, au ministre de la police générale.

Nos. D'ORDRE.	NOMS et PRÉNOMS.	PROFESSION.	LIEUX de NAISSANCE.	OBSERVATIONS.
1	Angelier. . . .	Charpentier.	. . . . .	Il professait sou état à Eybens.
2	Guillot fils. . .	. . . .	L'Amme.	
3	J.-B. Clermont.	. . . .	Vizille. .	
4	A. Balluyout. .	Garde-champêtre. . .	*Idem*.	
5	. . . .	. . . .	. . . . .	On ne connaît pas le nom du cinquième individu trouvé mort.
6	Jeoannini. . .	Offic. de gendarmerie.	Piémontais. .	

(*N°.* 6)

(PIÈCE *a.*)

Lyon, le 9 mars, à 3 heures du soir.

Le Gouverneur de la 19e. division militaire, au Ministre de la Guerre.

Je vous demande, de la part du général Donnadieu qui écrit en date d'hier à 11 heures du soir, d'envoyer le plus promptement possible de nouvelles troupes. Des avis que l'on a reçus provoquent cette mesure.

Deux cents hommes d'infanterie et deux cents chevaux sont partis avant-hier sur la demande du général Donnadieu pour aller à moitié du chemin de Grenoble.

Je propose de lui envoyer encore trois cents hommes.

(Pièce *b.*)

Extrait *d'une lettre du général Donnadieu au Ministre de la Guerre.*

Grenoble, 2 mai 1816.

En ce moment, à onze heures du soir, des feux se sont fait apercevoir de nouveau sur les sommités des montagnes. Je ne sais quels peuvent être ces nouveaux signes; seulement les rapports qui me parviennent annoncent toujours de la fermentation et des menaces pour de prochains événemens.

(Pièce *c.*)

Extrait *d'une lettre du général Donnadieu au Ministre de la Guerre.*

Grenoble, 2 mai 1816.

La cour prévôtale n'ayant pas du tout prévu le cas d'un corps d'armée marchant à force ouverte contre les troupes du roi, ces formes d'ailleurs étant d'une grande lenteur, et atténuant par conséquent la puissance morale du châtiment, j'ai crû devoir traduire militairement tous ceux pris les armes à la main, devant le premier conseil de guerre.

(Pièce *d.*)

Extrait *d'une lettre du général Donnadieu au Ministre de la Guerre.*

Grenoble, 16 mai 1816.

Soixante à quatre-vingts hommes de la garde nationale se réunirent à moi pendant la nuit. J'ai dû croire et je le crois, comme j'ai eu l'honneur de le dire à Votre Excellence, qu'une grande partie de cette garde nationale était plutôt contre que pour; car tel est le mauvais esprit qui règne dans ce pays, qu'à quelques petites exceptions près, on ne peut se fier à la fidélité de personne.

J'ai dû craindre, jusqu'au 10, que ces bandes dispersées ne fussent parvenues à se réunir dans les forêts qui couvrent toutes les montagnes de ce pays, pour se mettre à la discrétion de quelques chefs de parti.

(Pièce *e.*)

Extrait *de la dépêche de M. le général Donnadieu au Ministre de la Guerre.*

Grenoble, 6 mai 1816.

A la hâte, hier matin, j'ai eu l'honneur de rendre

compte à Votre Excellence de l'événement qui était arrivé pendant la nuit, par l'officier que je lui ai dépêché. Depuis lors, des renseignemens nombreux sont venus éclaircir cette audacieuse entreprise, et faire connaître que des intelligences préparées dans cette province, et surtout dans cette ville, devaient mettre 15,000 hommes sous les armes pour marcher immédiatement sur Lyon. Un personnage secret dont nous ne pouvons encore connaître le nom, et à qui la bande réunie rendait un grand respect, paraissait être l'âme du mouvement qui agissait sur ce point. Le nommé Didier qui a figuré dans l'affaire au mois de janvier à Lyon, dirigeait sous ce personnage la population qui était en mouvement.

(PIÈCE *f.*)

EXTRAIT *d'une lettre du général Donnadieu au Ministre de la Guerre.*

Grenoble, 6 mai 1816, à dix heures du soir.

Chaque heure nous apporte de nouvelles découvertes, nous connaissons déjà plusieurs des chefs qui devaient s'emparer des principaux postes de la ville. Ces chefs sont des officiers supérieurs en retraite ou à demi-solde; bientôt, j'espère, ils seront en notre pouvoir; une prompte justice en sera faite. Ces misérables étaient au milieu de nous, et un grand nombre que nous parviendrons peut-être à connaître, y sont encore.

A l'instant, on me donne avis qu'il se forme des projets dans la campagne, de venir enlever les prisonniers et de mettre le feu à la ville , je prends toutes mes mesures pour que ces complots soient déjoués.

(*N°.* 7)

Page 28.

Extrait *d'une lettre en date du 14 mai 1816 , adressée au Préfet de l'Isère , par le Prévôt du département.*

Monsieur le Préfet, que les ministres daignent prendre en considération toutes les difficultés qui naissent du mode extraordinaire que les circonstances et le vœu des autorités et du public nous obligent d'adopter , j'oserais presque dire contre le vœu de la loi. La marche naturelle est d'interroger d'abord tous les prévenus , d'entendre tous les témoins, de comprendre tous les accusés dans un même acte, de les juger tous d'une même fois. Ici mille considérations prescrivaient une autre allure ; mais combien n'a-t-elle pas été difficultueuse et pénible pour des juges , jaloux à la vérité de satisfaire à ce que demandaient le bien public et le désir des autorités et des bons Français , mais non moins jaloux de ne rien faire d'injuste, d'inhumain, ou même d'*illégal*, car nous ne pouvons rien lâcher sur ce point. Notre conscience, notre honneur et notre propre sûreté y sont également intéressés ; et quand je dis sûreté, le seul danger que nous puissions consentir à braver , c'est de nous exposer à être recherchés un jour comme juges prévaricateurs.

Voilà , monsieur le Préfet, ce qui découle de ma tête,

de mon cœur et de ma plume , sans que j'aie presque le temps de lire ce que j'écris. Je suis excédé de fatigue ; chacun s'adresse à moi pour des renseignemens, pour des permissions , pour des réclamations , pour des conseils ; je ne me refuse à rien : je vais , je viens , au gré des autorités quelconques, je m'épuise à parler , à dicter ; je trouve à peine le temps de faire un léger repas chez le traiteur voisin ; et quand j'ai la conscience intime que je m'immole (oui le mot n'est pas trop fort) au bien public, quand je sacrifie ma santé pour concilier tous mes devoirs de bon serviteur du roi, de juge intègre, de citoyen et d'homme , j'ai la douleur d'être méconnu et maltraité même par ceux que la communauté d'opinion et d'intérêt me faisait appeler mes amis ! Je me place sous votre égide , monsieur le Préfet, et je compte , oui j'ose compter sur votre ferme appui , parce que je sais que j'y ai droit. Agréez-en d'avance mes témoignages de gratitude ainsi que l'expression du respect avec lequel,

J'ai l'honneur d'être , etc.

Signé : S. PLANTA.

(*N°.* 8)

Page 26.

Extrait *de la lettre adressée par S. Ex. le Ministre de la Guerre , à M. le vicomte Donnadieu , lieutenant général , commandant la 7ᵉ. division militaire.*

Paris, 14 mai 1816.

La multiplicité des devoirs que vous avez eus à remplir,

au moment où la conspiration de Grenoble a éclaté ,
et depuis ce moment , ont empêché que vous donnassiez
au récit des événemens la méthode et la suite que le gouvernement aurait désiré y trouver ; l'intention du roi est
que ces sortes de récits soient dépouillés de toute em-
phase et de toute exagération qui obscurcissent la vérité.
Cette simplicité est plus conforme à l'attitude du gouvernement actuel, à l'estime et à la confiance qu'il inspire.
Vos premières lettres, monsieur le vicomte, n'ont pas été
suffisantes pour faire connaître exactement la marche et
les détails de l'affaire de Grenoble. Le récit infiniment
exagéré de M... a contribué à nous tenir dans une sorte
d'incertitude sur la réalité des faits , et singulièrement
sur le nombre des insurgés, qu'il paraît que M... a
élevé tantôt à cinq mille et tantôt même à sept mille ,
dans les récits très-fréquens qu'il s'est permis de faire
le long de la route depuis Grenoble jusqu'à Paris, et
qui ont vivement inquiété.

Le roi a été mécontent de l'indiscrétion de cet officier,
et tout en rendant justice à son zèle, on n'a pu apprécier
ici les détails de l'événement de Grenoble qu'après l'arrivée de M. de la Cauve, et on a appris avec satisfaction,
par lui, que le nombre des insurgés qui se sont présentés ne pouvait guère être évalué qu'à six ou sept
cents.

Les ministres du roi avaient indiqué que l'appareil de
la sévérité la plus capable de réprimer l'esprit de révolte
devait être déployé. Un pouvoir discrétionnaire avait été
accordé aux autorités , afin qu'aucune entrave ne s'op-
posât aux mesures rigoureuses qu'il importait de prendre
pour rétablir l'ordre dans le département de l'Isère :
mais cette latitude se trouvait elle-même circonscrite,

autant par le mot discrétionnaire, que par la charte, par les lois et la raison.

En louant généralement ce qui a été fait pour la sûreté du département, il est impossible aux ministres du roi de ne pas remarquer que certaines dispositions sont exagérées et deviennent par cela même intolérables. La proclamation du 9 mai contient des mesures législatives si exorbitantes qu'il est impossible aux ministres de Sa Majesté de les approuver. Il est question de commissions militaires que la charte réprouve. La mise en état de siége d'un département ne peut autoriser les principaux fonctionnaires publics qui y sont employés, à établir la peine de mort, à ordonner que telle maison sera rasée, etc. Le cours ordinaire des lois se trouve par-là suspendu.

Votre ordre du jour du 8 mai contient des irrégularités de la même espèce. Les ministres se sont plu à regarder ces diverses dispositions plutôt comme comminatoires que comme devant être suivies d'exécution. Ils ne peuvent néanmoins les approuver, et vous devez vous empresser, monsieur le vicomte, conjointement avec le préfet et les autres autorités, de vous replacer sous l'empire de la loi, en usant de sa rigueur autant que que l'intérêt de l'état le prescrit et le rend indispensable, pour calmer entièrement la funeste révolte et le coupable égarement que vous avez eu à combattre.

(*N°. 9*)

Une commission militaire au mépris du texte formel
de la charte. — Page 3o.

Copie *du jugement rendu par la commission militaire
créée le* 11 *mai* 1816, *par M. le lieutenant général
baron Donnadieu, commandant la* 7e. *division militaire, en vertu de ses pouvoirs discrétionnaires.*

De par le Roi.

Cejourd'hui, 17 mai 1816, la commission militaire
de la 7e. division militaire, créée par M. le lieutenant
général baron Donnadieu, commandant la division, com-
posée, conformément à ses pouvoirs discrétionnaires, de
M..., colonel, chevalier de S.-Louis, officier de l'ordre
royal de la légion-d'honneur, président ; M... , chef d'es-
cadron, chevalier de St.-Louis, officier de l'ordre royal
de la légion-d'honneur , juge ; M... et M..., capitaines,
membres de l'ordre royal de la légion-d'honneur, et
M..., lieutenant, juges ; M...., major, membre de l'ordre royal de la légion-d'honneur, rapporteur.

Tous nommés par M. le lieutenant général commandant la division , assisté du sieur M... lesquels,
aux termes des articles 7 et 8 de la loi du 13 brumaire
an 5, ne sont parens ou alliés, ni entre eux, ni des prévenus , au degré prohibé par la constitution. La commission militaire , convoquée par l'ordre de M. le commandant de la division, s'est réunie dans la salle des

séances, au palais de justice, à l'effet de juger François Achard, peigneur de chanvre, demeurant à Grenoble, rue dite Perrière, âgé de trente ans; taille de 5 pieds 4 pouces, cheveux et sourcils châtains, yeux gris, nez aquilin, bouche moyenne, menton long, visage ovale. La séance est ouverte. M. le président a demandé au rapporteur la lecture du procès verbal d'information, et de toutes les pièces, tant à charge qu'à décharge, envers l'accusé.

Cette lecture terminée, M. le président et la commisson délibérant à huis clos, a posé les questions suivantes :

Le nommé Achard (François) est-il convaincu d'avoir recélé sciemment six armes à feu, et de n'en avoir point fait la déclaration ?

Les voix recueillies par M. le Président, en commençant par le grade inférieur, et M. le Président ayant émis son opinion le dernier, la commission a déclaré à l'unanimité que le dénommé ci-dessus était coupable.

Ouï le rapporteur, dans son rapport et ses conclusions, et l'accusé dans ses moyens de défense, tant par lui que par son défenseur, lesquels ont déclaré l'un et l'autre n'avoir rien à ajouter à leurs moyens de défense ;

M. le Président a demandé aux membres de la commission s'ils avaient des observations à faire : sur leur réponse négative, et avant d'aller aux voix, il a ordonné au défenseur et à l'accusé de se retirer. L'accusé a été reconduit par une escorte à sa prison. M. le rapporteur, le greffier et les assistans se sont retirés sur l'invitation de M. le Président.

Les voix recueillies de nouveau par M. le Président,

la commission militaire déclare à l'unanimité que le nommé François Achard est coupable, et le condamne, en conséquence, à deux années d'emprisonnement, à 5oo francs d'amende et aux frais de la procédure, conformément à l'article 1o5 de la section 3e. du titre 1er. du Code des crimes et délits, décrété le 15 février 181o.

M. le Président enjoint à M. le rapporteur de lire de suite le présent jugement au condamné en présence de la garde assemblée sous les armes, en avertissant le condamné que la loi lui accorde un délai de vingt-quatre heures, pour se pourvoir en révision; et au surplus, de faire exécuter le jugement dans tout son contenu.

Ordonne, en outre, qu'il en sera envoyé dans les délais prescrits par l'article 3g de la loi du 13 brumaire an 5, à la diligence de M. le Président et de M. le rapporteur, une expédition, tant à S. Exc. le ministre de la guerre, qu'à M. le lieutenant-général commandant la division, et aux autres autorités compétentes.

Fait, clos et jugé sans désemparer, en séance publique à Grenoble, les jour, mois et an que dessus, et les membres de la commission ont signé avec le rapporteur et le greffier, la minute du jugement.

Signé : M... *et* M... , *capitaines;*
M..., *chef de bataillon;*
Le ch. M..., *colonel président;*
M... , *major, rapporteur;*
M... , *greffier.*

(N°. 10)

Paris, 12 mai 1816.

*Au général Donnadieu; au Préfet de l'Isère;
et au Procureur général.*

Aucune grâce ne peut être accordée qu'à ceux qui au‑
raient fait des révélations importantes, les vingt-un con‑
damnés doivent être exécutés, ainsi que *David.* L'arrêté
du 9, relatif aux recéleurs, ne peut être exécuté à la lettre.
20,000 fr. sont promis à celui ou ceux qui livreront Di‑
dier.

Par ordre du Roi,

Le chancelier de France, et le Ministre
de la Police générale.

EXTRAIT DU CATALOGUE DES LIVRES

DE LA LIBRAIRIE DE LADVOCAT, PALAIS-ROYAL.

OEUVRES COMPLÈTES DE LORD BYRON, traduites de l'anglais par A.-E. de Chastopalli; seconde édition; revue, corrigée et augmentée de plusieurs poëmes. 3 vol. in-8. Prix, 18 fr., et 24 fr. par la poste.

Cette édition, qui est imprimée sur beau papier, est divisée ainsi qu'il suit : Le tome premier est orné du portrait du noble lord, très-ressemblant, et précédé d'une notice biographique beaucoup plus détaillée que celle de l'édition in-12; il est composé du Corsaire, Lara, Parisina, Adieu, Oscar, d'Alva, Mazeppa. Le tome second, Childe-Harold (les quatre chants et les notes). Le tome troisième, Manfred, la Vierge d'Abydos; le Prisonnier de Chillon, Don Juan, les Satires, Beppo, Lamentations du Tasse, Odes a Napoléon, à la Légion-d'Honneur, et poésies diverses.

Le succès brillant de la première édition, qui avait été faite sans luxe typographique, fait présager que cette nouvelle édition sera accueillie avec empressement par les amateurs des poésies romantique; tous les journaux sont d'accord sur le mérite des ouvrages de lord Byron.

PROVERBES DRAMATIQUES, par M. *Gosse*, auteur de la comédie *Le Médisant.*

Ces proverbes, au nombre de vingt, forment 2 vol. in-8º. de 4 à 500 pages chacun.

Prix : papier ordinaire, 12 fr., franc de port 15 fr.; papier satiné, et 14, papier vélin, 24.

DE L'ESPRIT PUBLIC ou DE LA TOUTE-PUISSANCE DE L'OPINION. par M. le baron Guérard de Rouilly, 1 vol. in-8. Prix : 5 fr.

Cet ouvrage, remarquable à la fois par la profondeur des pensées, la justesse des aperçus et l'élégance du style, a réuni les suffrages des publicistes, et ceux des littérateurs au milieu des circonstances qui le virent paraître. Ce n'était pas un faible mérite que celui de savoir concilier les formes d'une sage modération avec les principes d'une noble independance; et c'est ce témoignage que se sont accordés à rendre à l'auteur tous les journaux de la capitale, dans le compte sommaire qu'ils ont publié de cette production. Voyez l'*Indépendant* du 1er avril 1820, le *Constitutionnel* du 2 du même mois; le *Courrier* français du 27, etc., etc.

LES FEMMES, leur condition et leur influence dans l'ordre social chez différens peuples anciens et modernes, par le vicomte J.-A. de Ségur, avec cette épigraphe : *Les hommes font les lois, les femmes font les mœurs.* 3 vol. in-12. fig. 9 fr. Par la poste, 12 fr.

Un littérateur célèbre a dit : « M. de Ségur, homme du monde et poète aimable, qui avait passé toute sa vie dans le cercle des femmes les plus célèbres de son temps, fit, pour leur rendre hommage, une compilation d'un nouveau genre, car il y mit de l'esprit, du goût et de la grâce; elle est intitulée : Les femmes. Des aperçus fins et une connaissance parfaite de son sujet lui méritèrent l'approbation de tous les hommes de goût. »

HISTOIRE DE LA CHUTE DE L'EMPIRE DE NAPOLÉON, ornée de huit plans ou cartes, pour servir de récit aux principales batailles livrées en 1813 et 1814. Par Eugène Labaume, chef de bataillon au corps royal d'état-major, avec cette épigraphe : *Sine irâ et studio.* Prix : 12 fr. et 15 fr. franc de port.

Cette histoire, en deux volumes in-8, formant plus de 900 pages, présente l'ensemble de tous les événemens politiques et militaires, survenus depuis la retraite de Moscou jusqu'à la publication de la charte donnée par S. M. Louis XVIII. Elle est divisée en douze livres qui portent les titres suivans : La Prusse. — Lutzen. — Wurschen. — L'armistice. — Dresde. — Leipsick. — Le Rhin. — L'invasion. — Brienne et Champaubert. — Troyes et Bordeaux. — Paris. — La paix et la Charte.

LES TROIS MESSÉNIENNES, ou Elégies sur les malheurs de la France, par M. Casimir Delavigne.

1re. Messénienne. Sur la bataille de Waterloo.

2e. Messénienne. Sur la dévastation des monumens français, et l'enlèvement des tableaux du Musée.

3e. Messénienne. Sur le besoin de s'unir après le départ des alliés.

Ces élégies, dont le succès augmente chaque jour, et dont tous les journaux ont parlé avec beaucoup d'éloges, se vendent 2 fr., 2 f. 50 c. par la poste. 4e. édition, augmentée de deux Élégies sur la vie et la mort de Jeanne d'Arc, et d'une épitre à MM. de l'Académie française.

ÉPITRE AU CAPUCIN, précédée de **L'ÉPITRE AUX LOUANGEURS DU TEMPS PASSÉ,** par M. A Viennet. 2e. édition. Prix : 1 fr. et 1 fr. 50 c. par la poste.

L'ULTRA, ou la Manie des ténèbres, comédie en un acte et en vers. 2e. édition. Prix, 1 fr., et 1 f. 25 c. par la poste.

Cette comédie, dont la représentation n'a point été autorisée par la censure théâtrale, se fait remarquer surtout par une peinture vraie des mœurs d'un certain parti.

LE MINISTÉRIEL, comédie en un acte et en vers, par l'auteur de L'Ultra. Prix : 1 fr. 25 c. et 1 fr. 50 par la poste.

EMPLOI DE MA DEMI-SOLDE, ou Budget d'un sous-lieutenant en expectative, par un officier du troisième bataillon de la légion du G.....

Ce petit poëme, qui est rempli d'une foule de détails piquans et spirituels, est à la deuxième édition. Prix, 1 fr., et 1 fr. 25 c. par la poste.

LE CHAMP D'ASILE, tableau topographique et historique du Texas, contenant des détails sur le sol, le climat, les productions de cette contrée; des documens authentiques sur l'organisation de la colonie des réfugiés français; de notices sur ses principaux fondateurs ; des extraits de leurs proclamations et autres actes publics : suivi de lettres écrites par des colons à quelques-uns de leurs compatriotes. 2ᵉ. Edition augmentée d'une description du Tombechbé (colonie française, connue sous le nom d'*État de Marengo*), et enrichie d'une carte des établissemens fondés dans l'Amérique septentrionale par les réfugiés français, dessinée par Ladvocat d'après les matériaux envoyés par l'un des principaux colons.

Cet ouvrage, que l'on doit à M. L. F. L. H. (de l'Ain), l'un des auteurs des Fastes la Gloire, se vend 4 fr., et 5 fr. par la poste. La carte se vend aussi séparément 1 fr. 50 c.

TABLEAU STATISTIQUE DE LA FRANCE, par Perrot.

Ce Tableau, dont l'idée est fort ingénieuse, et dont l'exécution est aussi complète qu'on peut le désirer, est très-utile aux commerçans et aux administrateurs. D'un seul coup d'œil le lecteur peut connaître la superficie d'un département en arpens ou en hectares, ses productions en tous genres, les rivières qui l'arrosent, sa population, le nombre de ses communes, celui de ses députés, avec leur série ; le prix moyen du blé, le départ des courriers, les siéges des évêchés, cours royales, académies, etc. Prix : 2 fr. 50 c. ; 3 f. dans un étui ; par la poste (en feuilles), 3 fr.

On se fera une juste idée de l'importance et de l'utilité de ce travail, lorsqu'on saura que S. Exc. le ministre de l'intérieur en a fait prendre 600 exempl. pour le compte de son ministère.

TABLEAU DES MONNAIES ETRANGÈRES,

comparées à celles de la France ; contenant leur titre, leur poids et leur valeur, à l'usage des banquiers, négocians, etc., par Chabouillé, ancien agent de change, superbe tableau gravé par Giraldon et imprimé sur une feuille grand-aigle.
Prix : 2 f. 50 c. Par la poste, 3 fr.

Pour prouver combien ce tableau est utile, nous donnerons la liste des monnaies qu'il fait connaître : Genève, Fribourg, Berne, Underwald, Ury et Zug, Bâle et évêché, *idem*. Lucerne, Zurich, Soleure et Saint-Gall, Piémont et Savoie, Gênes et Parme, Plaisance, Milan, Modène, Venise, Rome, Naples et Sicile, Turquie, Florence et Toscane, Madrid, Cadix, Portugal, Liége, Pays-Bas, Hollande, Hambourg, Angleterre, Leipsick, Saxe, Bavière, Wurtemberg et Brunswick, Hanovre, Russie, Prusse, Suède et Pologne, Danemarck, Hongrie et pays héréditaires, Perse et Mogol.

DE LA LIBERTÉ RELIGIEUSE, par M. A. V.

Benoît. Cet ouvrage, qui est fortement pensé et fortement écrit, est remarquable sous plus d'un rapport. Nous engageons les personnes qui voudraient s'en faire une juste idée, de consulter le n°. 62 de *la Minerve française*, à l'article Lettres sur Paris. Prix : 6 fr. ; et 7 fr. 50 c. par la poste.

VIOLETTE *ou* LE CONSERVATEUR DÉCHIRÉ, poëme en 4 chants, par M. J.-B. Gouriet.

La rapidité avec laquelle la première édition de ce poëme a été épuisé, prouve assez dans quel esprit il est composé. ix : 2 fr. 50 c., et 3 fr. par la poste.

DICTIONNAIRE HISTORIQUE DES BATAILLES, Siéges et Combats de terre et de mer,

qui ont eu lieu pendant la Révolution française ; suivi d'une table chronologique au moyen de laquelle on peut rétablir les faits dans leur ordre naturel ; et d'une table alphabétique des noms des Militaires et des Marins français et étrangers qui se sont distingués et qui sont cités dans cet ouvrage ; par une société de Militaires et de Marins. 4 gros vol. in-8. Prix : 20 fr. Par la poste. 26 fr.

LES FASTES de la Gloire, ou les Braves recommandés à la postérité, monument élevé aux défenseurs de la patrie. Trois volumes in-8.

Prix : 18 fr. 24 fr. par la poste.

Cet ouvrage, composé d'une multitude d'actions éclatantes, de traits particuliers, de bravoure, de grandeur d'âme, de désintéressement, d'humanité, mots heureux, d'actes d'héroïsme, de persévérance et de dévouement, a pour but de suppléer au silence de l'histoire, qui ne reproduira que les masses sans s'arrêter aux détails ; qui parlera de la gloire de nos armées, mais qui taira les exploits de ces braves qui n'auront brillé que dans les rangs subalternes. Dans le 3ᵉ. volume de ce recueil se trouvera un Précis historique des guerres de la révolution, par M. Tissot, professeur de poésie latine, et l'un des auteurs de *la Minerve* ; ce précis pourra tenir lieu de tout ce qui a été écrit jusqu'à ce jour sur cette matière. Les Fastes de la Gloire, en désignant individuellement d'une manière exacte les braves à l'admiration publique, formeront une nouvelle Légion-d'Honneur, où des services réels auront seuls motivé l'admission. C'est l'honneur des familles ; c'est la gloire de la nation ! Cet ouvrage pourra être orné d'une collection de cinquante gravures, représentant des sujets militaires ou belles actions des guerriers français, racontées dans les Fastes de la Gloire, dessinées et gravées par les plus habiles artistes de la capitale.

Les deux livraisons, composées de vingt-cinq gravures chacune, coûtent 25 fr.

On trouve exposées chez l'éditeur 50 épreuves des gravures ci-dessus désignées ; on peut, en les voyant, juger du soin que l'on a mis à leur exécution.

LES PARVENUS, ou les Aventures de Julien

Delmours, écrites par lui-même, et publiées par madame la comtesse de Genlis, 3 forts volumes in-12, 10 fr. (Troisième édition.)
Par la poste, 12 fr.

Les deux premières éditions de cet ouvrage qui ont été épuisées en deux mois, nous dispensent de faire l'éloge de ce nouveau roman.

PÉTRARQUE ET LAURE, roman historique, par Mᵐᵉ. la comtesse de Genlis,

2 vol. in-12, 5 fr., et 6 fr. par la poste. 2ᵉ. édition. Cet ouvrage doit être la dernière production de l'auteur.

THÉRÈSE AUBERT, par M. Charles Nodier, auteur de *Jean Sbogar*, 1 vol. in-12, 2 fr. 50 c. ;

par la poste, 3 fr.

Ce roman, qui est à sa deuxième édition, se fait remarquer par la chaleur du style et par son originalité.

OEUVRES COMPLÈTES DE BUFFON, en 12 vol. in-8., ornées de plus de 1200 figures. Nouvelle édition mise en ordre, avec des notes et une notice sur la vie de l'auteur; par M. le comte de Lacépède.

Le prix de chaque volume, avec figures, est de 13 f. sur papier carré superfin d'Auvergne, et de 30 fr. pour le papier vélin avec les figures supérieurement coloriées, dont il n'a été tiré qu'un très-petit nombre d'exemplaires.

OEUVRES DE MOLIÈRE, avec un Commentaire, un Discours préliminaire et une Vie de Molière, par M. Auger, de l'Académie française; 9 vol. in-8., imprimés par Firmin Didot, ornés d'un portrait gravé d'après Mignard, par M. Lignon, et de 16 figures d'Horace Vernet.

La souscription n'est point encore fermée. Le prix de chaque volume est de 10 francs.

Les trois premiers viennent de paraître.

OEUVRES DE GILBERT. Nouvelle édition, précédée d'une notice sur sa vie, par M. Charles Nodier, 1 vol. orné du portrait de Gilbert et de trois gravures dessinées par M. Desenne, et gravées par MM. Bein et Delvaux. In-18, pap. fin, 2 fr. 5o c.

Par la poste, 3 fr.

HENRIADE (la), poëme; par Voltaire. 1 vol. orné de 4 gravures dessinées par M. Desenne et gravées par MM. Bacquoy et Bovinet. In-18, papier fin, 2 f. 5o c.

Par la poste, 3 f.

OEUVRES COMPLÈTES DE MARMONTEL, de l'Académie française.

Dix-huit vol. in-8., imprimés par Firmin Didot, sur papier fin, ornés du portrait de Marmontel et de figures d'après les dessins de MM. Desenne et Choquet.

Cette édition, imprimée à un petit nombre d'exemplaires, forme dix-huit volumes. Le prix du volume est de 6 fr.

OEUVRES COMPLÈTES DE ROLLIN, 18 vol. in-8., imprimés par Didot jeune, 108. fr.

COURS DE LITTÉRATURE, par La Harpe. Nouvelle édition imprimée par P. Didot l'aîné 16 vol. in-18. Prix 36 francs.

OEUVRES COMPLÈTES DE JACQUES-HENRY BERNARDIN DE SAINT-PIERRE, mises en ordre, et précédées de la Vie de l'Auteur par J-Aimé Martin. Cette édition, publiée par souscription, formera 12 vol. in-8., imprimés sur papier superfin d'Auvergne, avec des caractères neufs. Elle sera ornée de plusieurs vignettes d'après MM. Girodet, Isabey, Lafite, Moreau jeune, Prudhon et J. Vernet, et d'un très-beau portrait de Bernardin de Saint-Pierre, dessiné par M. Girodet, et gravé par M. Lignon.

Le prix de chaque volume est de 6 fr. pour les personnes qui souscriront, et pour les non-souscripteurs, 7 fr.

Nota. 8 vol. ont déjà paru.

ÉDITION COMPLÈTE DES OEUVRES DE VOLTAIRE, en 6o vol. in-8, ornée de 16o gravures de Moreau le jeune.

Cette édition s'exécute avec les mêmes soins, et d'une manière aussi distinguée que la belle édition des OEuvres de P. Corneille, 12 vol. in-8., 26 gravures, qui vient d'être terminée par M. Raynouard, libraire, et le même imprimeur.

Le prix est de 45o fr. Les 6o vol. qui seront publiés en 20 livraisons, chacune de 3 volumes, avec leurs gravures correspondantes; et comme presque toutes les gravures ont place dans les premiers volumes, les dix premières livraisons seront payées chacune 3o fr., et 15 fr., seulement chacune des dix dernières.

La première livraison vient de paraître.

OEUVRES COMPLÈTES DE ROUSSEAU, imprimées par Didot l'aîné. Édition de Déterville, 18 vol. in-8., 90 fr.

Cette édition est sans contredit la plus belle et la plus complète.

ÉLOQUENCE MILITAIRE, ou l'art d'émouvoir le soldat d'après les plus illustres exemples tirés des armées des différens peuples; et principalement d'après les proclamations, harangues, discours, paroles mémorables des généraux et officiers français.

Par une société d'hommes de lettres et de militaires.

Cet ouvrage, qui est précédé d'une introduction fort remarquable, est encore un de ces monumens élevés à la gloire nationale, ce ne sera pas sans se rappeler de glorieux souvenirs que les braves y trouveront les fameuses proclamations de Marengo, Austerlitz, etc., qui déterminèrent tant de prodiges.

2 vol. in-8. 10 fr. Par la poste 12 fr.

HISTOIRE ABRÉGÉE DES JÉSUITES ET DES MISSIONNAIRES, PÈRES DE LA FOI; où il est prouvé que ces religieux et toutes corporations ecclésiastiques, régies par l'institut de la société de Jésus, ne sont tolérables chez aucunes nations policées; suivie d'observations faites au roi et aux deux chambres sur cet important sujet.

Avec cette épigraphe :

Les jésuites sont..... les ennemis de l'état et couronne de France, corrupteurs de la jeunesse, perturbateurs du repos public.

Édit d'Henri IV du 7 janvier 1595.

2 fort vol. in-8, 12. fr. Par la poste 15 fr.

HISTOIRE DE FRANCE, depuis les Gaulois jusqu'à la mort de Louis XVI, par Anquetil; nouvelle édition, 10 vol. in-12. Paris, 1817, 3o f.

PRÉCIS DE L'HISTOIRE UNIVERSELLE, ou tableau historique présentant les vicissitudes des nations; leur agrandissement, leur décadence, et leurs catastrophes, depuis le temps où elles ont commencé à être connues, jusqu'au moment actuel; par Anquetil; nouvelle édition. 10 vol. in-12. Paris 1817, 25 fr.

DICTIONNAIRE D'ÉDUCATION, où, sans donner de précepte, on se propose d'exercer et d'enrichir toutes les facultés de l'âme et de l'esprit, en substituant les exemples aux maximes, les faits aux raisonnemens, la pratique à la théorie; nouvelle édition, qui a été revue, corrigée et augmentée d'un grand nombre d'articles, et surtout d'une table historique des personnages, plus ample, plus exacte et plus intéressante que celle qui accompagnait les précédentes éditions de ce dictionnaire; par M. Fillassier, 3 forts vol. in-8, sur beau papier et caractères neufs. Paris, 1818, 15 fr.

OEUVRES DE J.-F DUCIS, ornées du portrait de l'auteur, d'après M. Gérard, et de beaucoup de gravures, d'après MM. Girodet et Desenne, 6 vol. in-18, 16 fr. Par la poste 20 fr.

THÉRÈSE AUBERT ; par M. Charles Nodier, auteur de *Jean Sbogar*, 1 vol. in-12. 2 fr. 50 c. Par la poste. 3 f.

Ce Roman, qui est à sa deuxième édition, se fait remarquer par la chaleur du style et par son originalité.

LORD RUTWEN ou LES VAMPIRES, par le même auteur. Deuxième édition augmentée de notes extrêmement curieuses sur le Vampirisme. 2 vol. in-12. Prix : 5 fr., et 6 fr. par la poste.

MULTIPLICATEURS DÉCIMAUX, ou Méthode pour calculer les intérêts par une simple multiplication. Diviseurs fixes pour les mêmes calculs, suivant les variations de l'intérêt. Tableaux des deniers et des différens taux de la rente, exprimés en pour-cent. Précédés d'une instruction en quatre langues, avec l'équation qui a servi de base à la recherche des multiplicateurs décimaux. Ouvrage utile aux gens d'affaires de toutes les nations. Par J. J. J. Bouisson.

Prix : 2 fr. et 2 fr. 50 c. par la poste.

THÉATRE DE CHÉNIER, composé de toutes ses pièces représentées, imprimées et inédites ; publié par les héritiers de l'auteur. Cet ouvrage forme 3 vol. in-8. de 400 pages chacun. Prix 20 francs.

Pour recevoir les 3 volumes francs de port, par la poste, il faut ajouter 4 fr 50 c.

Ces trois volumes contiennent les pièces suivantes qui composent tout le théâtre de Chénier. AZÉMIRE, CHARLES IX ; HENRI VIII, JEAN CALAS, CAIUS GRACCHUS, FÉNÉLON, TIMOLÉON, CYRUS, tragédies ; et le CAMP DE GRAND-PRÉ, divertissement lyrique. Toutes ces pièces ont déjà paru, mais la plupart sont devenues très-rares. Voici les ouvrages inédits : BRUTUS ET CASSIUS, tragédie en trois actes; TIBÈRE, tragédie en cinq actes: OEDIPE, ROI, OEDIPE A COLONE, ÉLECTRE, tragédies traduites de Sophocle, mais considérablement raccourcies ; NATHAN-LE-SAGE, drame en trois actes ; Fragmens de deux comédies ; LES DEUX FRÈRES et NINON.

Un écrivain distingué M. Daunou, membre de l'Institut, ami de l'auteur, témoin comme lui de nos grands troubles politiques, a bien voulu se charger d'une Notice historique sur la vie et les ouvrages de Chénier. Cette Notice précède le premier volume qui est orné du portrait de l'auteur extrêmement ressemblant.

LES PRÊTRES TELS QU'ILS DEVRAIENT ÊTRE, ou la grandeur de l'Éternel dans l'origine du christianisme. Philosophie morale, politique et religieuse, en harmonie avec les lumières et les vœux du siècle. — Nécessité du mariage des ministres de l'église romaine. — Historique de l'intolérance du corps des jésuites en Russie, récemment puni par l'empereur Alexandre. Doctrine de la véritable initiation... dans le Nord. — Tableaux de différentes catastrophes politiques — Relations et détails qui tiennent aux intérêts actuels, à la gloire des Français, à la pensée des peuples, etc. ; orné de gravures. Édition revue par M...... (M* M* S* S*), ancien magistrat de Paris; membre de la Société royale Académique des Sciences, de l'Ath

des arts, de plusieurs autres Institutions Philanthropiques et Savantes de la capitale ; de l'Académie des Sciences et Belles-Lettres de Mâcon, etc. ; ex-professeur des Sciences politiques au corps impérial des Pages de sa majesté l'Empereur de toutes les Russies. 1 vol. in-8, orné de gravures. 6 fr.

Par la poste, 7 fr.

ANNUAIRE DE L'ÉTAT MILITAIRE DE FRANCE, pour l'année 1820.

Cet annuaire, rédigé sur les documens officiels fournis par le ministère de la guerre, présente tous les changemens survenus dans le personnel de l'armée pendant l'année 1819 jusqu'au jour de la publication, et on y a ajouté les signes des ordres militaires dont MM. les officiers sont décorés.

Prix : 5 fr. et 6 fr. 25 c. franc de port par la poste.

CHOIX DE RAPPORTS, OPINIONS ET DISCOURS PRONONCÉS A LA TRIBUNE NATIONALE, depuis 1789 jusqu'à ce jour ; recueillis dans un ordre chronologique et historiques. Vingt vol. in-8, ornés chacun de six portraits des principaux orateurs. Prix de chaque volume pour les souscripteurs 5 fr. sans portraits et 7 francs avec les portraits.

Ce livre se recommande suffisamment par son mérite, et ce mérite a cela de particulier qu'il sera apprécié dans tous les temps; cette collection deviendra un des plus brillans et des plus utiles matériaux de notre histoire : ailleurs on en trouve les faits et le corps ; là, et là seulement, on en verra les causes et les esprits. Mais c'est surtout dans le moment actuel que l'on doit lire avec avidité cet intéressant recueil ; il est digne de réveiller la curiosité de tous ceux qui pensent et qui raisonnent... Nous ne craignons pas d'appeler cet important ouvrage *le manuel des députés, des hommes d'état et de tous les défenseurs des principes de la charte et de la liberté.*

CONSTITUTIONNEL. (*numéros du 11 mars et du 20 octobre 1819.*)

REVUE ENCYCLOPÉDIQUE, ou Analyse raisonnée des productions les plus remarquables dans la littérature, les sciences et arts. Seconde année, 1820.

Ce recueil scientifique et littéraire, qui compte maintenant une année d'existence, est venu satisfaire à un besoin généralement senti, en procurant un moyen central de communication aux amis des sciences, des lettres et des arts, sur tous les points du globe; en offrant la substance des produits les plus remarquables de l'esprit humain, dans toutes les sphères où peut s'exercer son activité, et en servant à faire apprécier, par d'utiles rapprochemens des différens pays comparés entre eux, l'état actuel et les progrès de la civilisation.

Prix de la souscription.

A Paris, 42 f. pour un an, 24 fr. pour six mois.

Dans les départemens, 48 fr. pour un an, 28 fr. pour six mois.

Dans l'étranger, 54 f. pour un an, 32 f. pour six mois.

La différence entre les prix d'abonnement, à *Paris*, dans les *départemens* et dans l'*étranger*, devant être proportionnelle aux frais d'expédition par la servi de base à la fixation définitive portée